Contribución al estudio de la interferencia lingüística

Studien zur romanischen Sprachwissenschaft und interkulturellen Kommunikation

HERAUSGEGEBEN VON GERD WOTJAK

Band 28

PETER LANG
Frankfurt am Main · Berlin · Bern · Bruxelles · New York · Oxford · Wien

Clara Curell

Contribución al estudio de la interferencia lingüística

Los galicismos del español contemporáneo

PETER LANG
Europäischer Verlag der Wissenschaften

Bibliografische Information Der Deutschen Bibliothek
Die Deutsche Bibliothek verzeichnet diese Publikation in der
Deutschen Nationalbibliografie; detaillierte bibliografische
Daten sind im Internet über <http://dnb.ddb.de> abrufbar.

ISSN 1436-1914
ISBN 3-631-54512-6
© Peter Lang GmbH
Europäischer Verlag der Wissenschaften
Frankfurt am Main 2005
Alle Rechte vorbehalten.

Das Werk einschließlich aller seiner Teile ist urheberrechtlich
geschützt. Jede Verwertung außerhalb der engen Grenzen des
Urheberrechtsgesetzes ist ohne Zustimmung des Verlages
unzulässig und strafbar. Das gilt insbesondere für
Vervielfältigungen, Übersetzungen, Mikroverfilmungen und die
Einspeicherung und Verarbeitung in elektronischen Systemen.

www.peterlang.de

Índice

1. PRÓLOGO	7
2. PRESENTACIÓN	9
3. INTRODUCCIÓN: La influencia del francés en el castellano desde una perspectiva histórica	13
4. LA INTERFERENCIA LINGÜÍSTICA FRUTO DE UNA INTERFERENCIA CULTURAL	17
4.1. Visión general. Aspectos socioculturales	19
4.2. Terminología y conceptos básicos	25
4.3. Sincronía y diacronía	32
4.4. Etimología remota y etimología próxima	34
5. TIPOLOGÍA DE LA INTERFERENCIA LINGÜÍSTICA	37
5.1. La tradición norteamericana	39
5.2. Principales clasificaciones en el ámbito europeo	42
5.3. Modelos de categorización: el caso de los anglicismos	45
5.4. Otras propuestas taxonómicas	48
5.5. Nuestra propuesta de modelo	51
6. LA INTEGRACIÓN DEL GALICISMO EN EL CASTELLANO	71
6.1. Adaptación fonética	75
6.2. Adaptación gráfica	76
6.3. Adaptación morfosintáctica	81
6.4. Adaptación semántica	83
7. A MODO DE CONCLUSIÓN	89
8. BIBLIOGRAFÍA	95
8.1. Estudios	97
8.2. Fuentes lexicográficas	113

Prólogo

No concurriendo en mi persona más títulos que el de haber sido su profesor de Semántica y Lexicología y, más recientemente, el de ser compañero de Facultad, la profesora Clara Curell ha querido distinguirme con la encomienda de que prologue este libro suyo. A pesar de no ser la Filología Francesa mi especialidad, he accedido a su petición con sumo gusto, pues considero que los problemas del préstamo se inscriben en el ámbito de la lingüística general y, por tanto, afectan, aunque en desigual grado, a todos los idiomas.

Las lenguas naturales, como las sociedades humanas que las cincelan, son el resultado histórico de un proceso siempre mestizo. En mayor medida en unos planos que en otros (el léxico es el que, por su propia naturaleza, acusa más los vaivenes emisores y receptores de las influencias interidiomáticas), los sistemas lingüísticos tratan siempre de afirmar su personalidad y, cuando es el caso, metabolizan sin trauma alguno toda suerte de elementos venidos de fuera. Tan connatural es este proceso a las lenguas, que casi podemos afirmar que la adopción de un préstamo (poco importa que sea léxico, semántico o que adopte la forma de un calco) y su naturalización son operaciones simultáneas. Si tales incorporaciones han adoptado o no (en la pronunciación, en la escritura, etc.) el aspecto canónico de las unidades genuinas, es ésta una cuestión que afecta más a su oficialización que a otra cosa.

Las causas del préstamo, como la variada etiología de la mezcolanza humana, conforman un repertorio entre anecdótico y coyuntural: proximidad geográfica (ayer al menos), superioridad cultural y técnica, pereza mental, búsqueda de efectos eufemísticos, propósito esnobista, afán de precisión… Algunos de estos factores, que colocan al hablante y, en definitiva, al hombre en el centro geométrico del problema, suelen ser el caballo de batalla de los puristas, para fustigar a quienes osan poner en peligro las esencias idiomáticas. Ignoran estos intransigentes aduaneros algo bien elemental: que las lenguas sólo se dejan influir en aquellas capas más superficiales de su identidad (en el léxico «disponible» y poco más), aunque todo ello se cifre en miles de palabras. De modo que el riesgo de desnaturalización que, como insufrible jeremiada, tanto pregonan es sencillamente inexistente.

El estudio que el lector tiene entre sus manos, desgajado del cuerpo de la tesis doctoral presentada en su día por su autora, muestra el calibre del influjo que la lengua francesa ha ejercido en la lengua española, especialmente en su modalidad europea y durante los últimos tiempos, y ahonda en las vicisitudes de ese singular trasiego de modos expresivos. En él pueden encontrarse meridianamente expuestas las adaptaciones, desarrollos y acomodaciones que estas unidades han ido experimentando en su tierra idiomática de adopción, una prueba más, por cierto, de que este proceso no hace sino enriquecer (nunca degradar) a la lengua receptora.

Gonzalo Ortega Ojeda
Catedrático de Lengua Española

Presentación

Este trabajo se basa en la parte teórica de la tesis de licenciatura que presenté en la Universidad de La Laguna en octubre de 2004, cuyo objeto fue elaborar y describir un corpus constituido por los elementos procedentes directa e inmediatamente del francés (adaptados o no a la grafía castellana) que se habían incorporado a los diccionarios de uso del español peninsular del siglo XX. La convicción de algunos de los miembros del tribunal que la juzgó, así como de otros colegas, de que los capítulos iniciales tenían la suficiente entidad y el carácter unitario para ser objeto de una publicación independiente, me animó a revisar y a reorganizar este material hasta llegar a la presente monografía.

Como se podrá constatar, el libro empieza con una somera introducción histórica que sólo pretende dar cuenta de los momentos más significativos de las dilatadas relaciones franco-españolas y de algunas de las circunstancias que han favorecido la entrada de francesismos en el castellano. A partir de ahí, figuran las tres grandes secciones en la que se estructura el trabajo.

La primera de ellas está dedicada a delimitar el fenómeno de la interferencia lingüística como parte del contacto entre culturas, así como a exponer las distintas nomenclaturas y denominaciones que se han utilizado y que se siguen empleando en este campo de la lingüística. Este capítulo termina con el planteamiento de dos de los grandes problemas teórico-conceptuales que surgen al intentar definir el préstamo, como son la dicotomía sincronía/diacronía y la distinción entre étimo próximo y étimo remoto.

En el siguiente apartado se hace un recorrido por las principales tipologías del préstamo lingüístico, tanto en el ámbito norteamericano como en el europeo, prestando una especial atención a algunos modelos de categorización de los anglicismos, por ser los préstamos de esta procedencia los que han sido objeto de un mayor número de propuestas taxonómicas. Cierra este capítulo la clasificación en cuatro grandes bloques por la que opté en mi tesis para ordenar las unidades que componen el corpus de galicismos, ilustrada con la nómina de cada uno de los supuestos.

En la última parte se aborda el proceso de adaptación del préstamo en sus distintos planos (fónico y gráfico, morfosintáctico y semántico), circunscrito ya al caso específico de los préstamos que el francés ha suministrado al español a lo largo de la pasada centuria.

Antes de finalizar quiero señalar que, al haberme fundado exclusivamente en principios lingüísticos, he dejado de lado en este estudio todo lo concerniente a otros enfoques, como el análisis etiológico de los galicismos hispánicos o su clasificación onomasiológica.

No puedo concluir esta presentación sin expresar mi reconocimiento a algunas de las personas que han hecho posible esta publicación. En primer lugar, agradezco profundamente el apoyo de José Juan Batista, sin cuyos consejos y gestiones estas páginas no habrían visto la luz. También quiero hacer constar mi agradecimiento a Gonzalo Ortega por su interés y por haber tenido la gentileza de prologar el libro. Por último, debo reconocer muy especialmente el respaldo prestado por el Prof. Gerd Wotjak, que ha confiado en este trabajo y ha hecho posible su edición.

3. Introducción

La influencia del francés en el castellano desde una perspectiva histórica

> *La presencia en el español de multitud de voces y giros importados de Francia es hecho conocidísimo; [...] de un modo más preciso puede afirmarse que desde hace ocho siglos no ha habido época de nuestra historia que no haya estado sometida, con varia intensidad, a esa influencia de nuestros vecinos.*
>
> Américo Castro, *Lengua, enseñanza y literatura.*

La influencia del francés en el castellano desde una perspectiva histórica

El objetivo de este esquemático encuadre histórico no es más que el de destacar algunos de los episodios más sobresalientes que nos ayuden a comprender mejor el alcance y la profundidad de esta especial relación que ha habido, de antiguo, entre la cultura francesa y la castellana. Para un tratamiento más completo de las relaciones entre ambos países, pueden verse las obras de Castro (1924), Lapesa (1981), Lázaro Carreter (1985) y Pottier (1967), que nos han proporcionado los datos más relevantes que ofrecemos en este recorrido.

Los contactos entre Francia y España, que se han prolongado –con mayor o menor intensidad– desde la Edad Media hasta nuestros días, han sido desde siempre múltiples y variados, reflejándose en el aspecto lingüístico a través de la impronta del francés en el castellano. Así, a pesar de que sus momentos de auge fueron los siglos XVI y XVIII, la conjunción de diversas circunstancias, como son la contigüidad geográfica, el prestigio cultural, su posición central en Europa, su riquísima tradición y su condición de lengua de cultura, ha llevado a que la influencia de la lengua francesa en la española no se haya circunscrito, como ha sucedido en otros casos, a un lapso de tiempo limitado y determinado, sino que su acción ha sido continua, de tal forma que podemos afirmar, sin ningún género de dudas, que el castellano se ha aprovisionado y se sigue aprovisionando regularmente del francés.

La introducción en España de las primeras lexías transpirenaicas fue consecuencia de las relaciones políticas, religiosas y comerciales que se establecieron a partir de los siglos XI y XII con el país vecino, incrementadas por las peregrinaciones a través del «camino francés» a Santiago de Compostela. Hay que destacar asimismo en este período la tarea que llevaron a cabo los monjes de Cluny y, más tarde, los de Cîteaux, en la expansión de los artes románico y gótico, con la consiguiente difusión del vocabulario relativo a estos estilos, así como el papel que desempeñaron las traducciones al español de textos literarios franceses, pues contenían numerosas voces galicadas. A partir de mediados del siglo XIII y hasta el XV, pese a que disminuyó el influjo del francés a causa, entre otras, del notable aumento de la acción del italiano, no desapareció del todo, recuperándose en las dos centurias siguientes gracias a la introducción por parte de la Corte de los Austrias de palabras de origen borgoñón.

Sin embargo, la época de supremacía de «lo francés», tanto en España como en el resto de Europa, fue el siglo XVIII, en virtud del prestigio de esta civilización, la propagación de las ideas de la Ilustración y de la Revolución francesa, y la imitación de la moda parisina. Tal preeminencia fue especialmente propiciada en nuestro país por la llegada al trono de la dinastía borbónica. Como observa Jiménez Ríos (1998: 141), fue este un período «en el que las conexiones entre lengua, pensamiento y sociedad lleva[ro]n a los eruditos del momento a moverse entre dos aguas defendiendo, unos, lo tradicional, lo castizo; y, otros, la innovación, el progreso y el cambio». Durante la centuria siguiente, prosiguió la entrada de galicismos en el castellano peninsular, a la que hay que sumar la afluencia no sólo de voces, sino también de giros sintácticos de este mismo origen, por mediación del español de América.

En lo que concierne a la Edad Contemporánea, si bien la importación lingüística del francés pareció eclipsarse debido a la masiva entrada de anglicismos norteamericanos a partir del final de la Segunda Guerra Mundial –es obvio que desde el punto de vista cuantitativo su peso no es hoy comparable con el del inglés–, su influjo sigue siendo determinante, bastante más de lo que podría parecer a simple vista (cf. Pottier 1954: 301, Lapesa 1963: 198, Pratt 1980: 51 y ss. o Haensch 1995: 243).

Así, en lo que atañe a la función connotativa –esencialmente el prestigio social–, los galicismos continúan cumpliendo su cometido, paralelamente a su función denotativa, como así lo ilustra Belot:

> De ce point de vue, la langue française ne saurait rivaliser avec l'anglais. Mais il reste quelques domaines où nous continuons à tenir «la vedette», pour employer précisément un mot que l'on relève ici et là, dans la presse.
> Écrire *fin gourmet, belle époque, boutade, voyeurisme, meublé, suite, pintura* [sic] *naïf, enfant terrible, démodé, de bon goût*, c'est affirmer une certaine compétence linguistique, mais plus sûrement encore un statut socio-culturel particulier. Du même coup, on renvoie implicitement à l'image convenue et factice d'un style de vie à la française où se rencontrent élégance, frivolité, goût de la bonne chère et liberté de moeurs (1987: 58).

Por otra parte, no hay que olvidar que el francés viene desempeñando, desde el siglo XIX, un papel importantísimo como vía indirecta para la introducción de anglicismos, hasta el punto de que algunos de los términos de esta procedencia que llegan al castellano a través de ese filtro presentan ciertos rasgos lingüísticos que no poseían originariamente y que han adquirido a su paso por la lengua francesa. Este es el caso, entre otros, de la alteración ortográfica que muestran los galicismos *bondage* (cuyo étimo remoto es el inglés *boundage*), *rallye* (que procede de la palabra inglesa *rally*), o del verbo *liftar* (que el francés tomó en su día de la forma verbal inglesa *lift*). Como consecuencia de ello, el español europeo ha adoptado un buen número de voces de esta naturaleza con una forma ya más o menos romanizada, ha traducido expresiones que el francés había calcado a su vez del inglés y ha adquirido, asimismo, innovaciones semánticas cuyo fundamento último es la lengua inglesa.

Otra demostración palpable de la función mediadora del francés es la acuñación de lexías o de expresiones formadas total o parcialmente por elementos de la lengua inglesa, pero no utilizados de ese modo por los anglófonos; son los denominados pseudo-anglicismos o falsos anglicismos, que luego han viajado hasta el español y en él se han establecido, como sucede con las palabras *auto-stop* o *recordman*, por citar tan sólo dos supuestos. Especialmente productiva en francés, lengua en la que ha adquirido el rango de sufijo vivo, es la partícula inglesa *-ing*, que sirve para designar principalmente el lugar donde se produce la acción, valor este desconocido en el idioma originario, tal como lo ilustran las voces *parking* y *camping*; o que también puede distinguir la propia actividad, como es el caso de *footing*, significante de apariencia inglesa pero inexistente en esa lengua (cf. Guilbert 1959: 281, Trescases 1982: 20-28 y 1983: 87-96, entre otros).

Por último, no podemos dejar de señalar que la condición de lengua de cultura que ostenta el francés lo convierte, asimismo, en lengua intermediaria en la incorporación de palabras de procedencias variadas. Valgan como ejemplo de ello la voz esquimal-aleutiana *anorak*, el sustantivo ruso *blinis* o el vocablo noruego *ski*.

4. La interferencia lingüística fruto de una interferencia cultural

4.1. Visión general. Aspectos socioculturales

4.2. Terminología y conceptos básicos

4.3. Sincronía y diacronía

4.4. Etimología remota y etimología próxima

> *Interférence peut se lire inter-référence. Rien n'existe, rien n'est pensé, nul ne perçoit ni n'invente s'il n'est un recepteur mobile plongé dans un espace de communication à une multiplicité d'émetteurs. Espace où circulent des messages, que le bruit remplit, où durent des stocks. Espace dont l'encyclopédie est une figure.*
>
> Michel Serres, *L'interférence.*

4.1. Visión general. Aspectos socioculturales

Las relaciones de todo tipo impuestas por la historia entre los distintos pueblos se han reflejado, desde siempre, en un contacto de sus culturas. Así, tanto en los casos de estrecha proximidad geográfica como en aquellos en los que una comunidad ocupa una posición preponderante con respecto a otra, se produce un intercambio de fenómenos culturales que presenta una mayor reciprocidad, como no podría ser de otra manera, en el primero de los supuestos. En palabras de Bloomfield (1961: 445), «Every speech-community learns from its neighbours [...] This spread of things and habits is studied by ethnologists, who call it *cultural diffusion*». Esta difusión cultural o aculturación involucra multitud de aspectos y se manifiesta a través de expresiones concretas, siendo la lengua, hecho social por excelencia, una de las más notorias, como de esta forma lo señala García Yebra:

> Un ámbito cultural, para enriquecerse, necesita incorporar conceptos de otros ámbitos culturales. Pero los conceptos están íntimamente ligados a las palabras, de manera que sin ellas no pueden transmitirse. Por otra parte, el concepto es anterior a la palabra, y esto implica que, si en un ámbito cultural no existe un concepto determinado, tampoco existe la palabra para expresarlo (1983: 98).

De ahí que uno de los hechos más habituales en las lenguas vivas sea el de los préstamos interlingüísticos, no sólo en nuestros días en que se constata con más facilidad, sino desde antiguo. Así, a su condición de fenómeno común, Buridant (1980: 59) añade la de hecho imprescindible, lo que le permite afirmar, por ejemplo, que el latín medieval pasó a ser una lengua muerta a partir del día en que dejó de importar y de crear nuevas voces. De todos modos, es cierto que nunca hasta ahora los intercambios internacionales habían sido tan rápidos y tan numerosos y los idiomas habían estado tan relacionados, lo que ha contribuido a reducir el aislamiento lingüístico y a suprimir, en definitiva, las fronteras entre ellos. Ninguna sociedad actual y, por ende, ninguna lengua, a menos que, como observa Moll (1974: 36), «estigui reclosa en un desert o dins d'una selva verge», se halla completamente aparte y se basta a sí misma: a través de las fronteras territoriales tiene lugar, casi de forma inevitable, una ósmosis de material lingüístico que hace que los idiomas contengan en su caudal, en menor o mayor grado, elementos de origen extranjero, sobre todo en el plano léxico. Las palabras de Guilbert a este respecto son elocuentes:

> Aucun peuple, en effet, n'a pu développer une culture entièrement autochtone, à l'abri de tout contact avec d'autres peuples, qu'il s'agisse de guerres ou de relations économiques, si bien que, nécessairement, sa langue s'est trouvée en rapport avec une ou d'autres langues, et en a reçu une influence quelconque, si minime soit-elle (1975: 89).

Ya en el umbral del siglo XX, el trabajo de Salverda de Grave «Quelques observations sur les mots d'emprunt» estudia los préstamos como categorías onomasiológicas y pone de relieve la estrecha relación que existe entre la historia y el lenguaje. En la misma época, Bally resalta, asimismo, la significación social de esta manifestación lingüística:

> Ces deux phénomènes de l'emprunt et du calque ont une signification sociale autant que linguistique; ils sont les symboles et, pour ainsi dire, les témoins des échanges qui se font de peuple à peuple; ils sont la marque de l'influence exercée par les civilisations les unes sur les autres ([1909]1951: 48).

Y, de forma similar se expresa, unas décadas más tarde, Nyrop al afirmar que:

> On n'exagère pas beaucoup en disant qu'on pourrait écrire de grands chapitres du développement culturel d'un peuple rien qu'en se servant des mots étrangers auxquels il a donné droit de cité (1934: 68).

En la década de los sesenta, el romanista británico Hope continúa siendo de la opinión de que, efectivamente, en un gran número de casos los criterios históricos, psicológicos o sociales explican el préstamo lingüístico (1963: 36) aunque, en una obra posterior, de 1971, matiza su juicio y reconoce la importancia de la información de índole histórico-cultural, pero siempre y cuando se tenga bien claro que no constituye el todo:

> The tendency has been in the past to write history in terms of loan-words rather than to interprete loan-words with reference to history. There is no intrinsic fault in this; the fault lies in the exaggeration of a valid principle rather than the principle itself (1971: x).

Algunos de sus coetáneos, no obstante, como es el caso de Guiraud, siguen manteniendo que «les problèmes des emprunts restent essentiellement historiques» (1965: 5), al igual que lo defienden autores bastante más recientes, entre los que se distingue Anttila (1989: 163).

El lingüista americano Weinreich, en su obra señera *Languages in Contact*, sintetiza perfectamente la cuestión cuando sostiene que el contacto de lenguas es una parte del contacto de culturas y que la interferencia lingüística es una consecuencia de la interferencia cultural (1953: 5). Gracias a él, las nociones de «contacto» y de «interferencia», que sistematiza por vez primera, se han convertido en casi elementales para la sociolingüística actual, si bien no hay que olvidar que el estudio del contacto de lenguas se remonta a los inicios de la lingüística científica, dentro de la tradición germanística del siglo XIX. De esta manera, si nos remontamos rápidamente en la historia, constatamos que los trabajos histórico-comparativos de Grimm y, más tarde, de algunos neogramáticos como Leskien, Brugmann, Osthoff o Paul, tratan ya del parentesco genético que presentan las lenguas indoeuropeas, lo mismo que de sus mutuas influencias, derivadas de las relaciones extralingüísticas existentes entre ellas, y que se manifiestan por medio de los préstamos lingüísticos. Recordemos, asimismo, que ya en 1881 Whitney planteó explícitamente la función de los préstamos en el cambio lingüístico (cf. Hernández 1980: 92 y Appel y Muysken 1996: 16-17). Aun siendo así, como resalta Van Oberbeke (1976: 96 y ss.), el estudio del bilingüismo y del contacto de lenguas tuvo que esperar a que finalizara la Segunda Guerra Mundial para ser formalmente integrado en la lingüística general, debido a que el estructuralismo, preocupado fundamentalmente por la sistematización, no favoreció el análisis de algunos aspectos de la realidad lingüística en apariencia poco sistemáticos. De todos modos, las obras de algunos estructuralistas americanos, más interesados en la variedad de formas observables que los europeos, abundan en observaciones contrastivas, como sucede con Sapir ([1921] 1991) quien, si bien no recurre al término «interferencia» sino que lo denomina «influencia», dedica íntegramente el capítulo IX de su libro al mutuo influjo entre las lenguas.

Tras la contienda mundial, al convertirse el bilingüismo, e incluso el multilingüismo, en el sino de muchos países, la lingüística contrastiva experimentó un considerable auge, sobre todo en los Estados Unidos, país que recibió, durante esos años, una gran oleada de emigrantes con sus particularidades culturales y lingüísticas. No es de extrañar, entonces, que sean dos lingüistas norteamericanos, Uriel Weinreich, con su obra antes mencionada, y Einar Haugen, autor del estudio *The Norwegian Language in America*, los responsables de la investigación que ofrece la primera panorámica completa del contacto interlingüístico. Sus contribuciones abren el camino a descripciones y análisis sistemáticos de diversas situaciones de contacto entre lenguas naturales tanto en Europa como en Norteamérica, especialmente en países caracterizados por una larga historia de bilingüismo como son Bélgica, Estados Unidos o Canadá.

Volviendo al fundamento de la argumentación de Weinreich, esto es, la estrecha imbricación entre interferencia lingüística y cultural, dos décadas más tarde aparece confirmado, de forma tal vez más tajante, por Goddard (1976: 426), que mantiene que sin contacto de lenguas no pueden producirse interferencias entre ellas. De ahí se infiere que los problemas abordados por cualquier análisis del préstamo lingüístico —sea esencialmente semántico, como los trabajos de Hope, o formal, como las antedichas investigaciones de Weinreich y de Haugen— son siempre el resultado de contactos interlingüísticos. Este hecho supone que el préstamo —cuya naturaleza presenta indudables afinidades con la creación «ex novo», como ya puso de manifiesto Paul en su obra *Prinzipien der Sprachgeschichte* en 1886 (*apud* Gusmani 1986: 13) y que, más tarde, corroboraron Haugen (1950: 212), Vidos (1965: 73) y otros estudiosos posteriores— tiene su origen en un acto lingüístico individual que, una vez ha sido aceptado por los demás hablantes, se difunde con el andar del tiempo. Este hecho, cuyo carácter neológico no radica en la creación del signo sino en su adopción, no suele estudiarse como una forma de neología, sino que se concibe como uno de los aspectos del fenómeno más amplio que es la interferencia lingüística. Concretamente, el préstamo léxico es una interferencia de tipo morfosemántico, en tanto que el calco y el préstamo semántico constituyen interferencias que se producen exclusivamente en el plano del contenido de la lengua receptora (Goddard 1976: 427).

La interrelación entre cultura y lengua que hemos venido señalando se refleja también de forma clara en la terminología adoptada por Bloomfield cuando alude, en sentido amplio, al *cultural borrowing of speech-forms* (1961: 461). Esta denominación engloba dos clases de préstamo, ambas de carácter exoglótico, que tienen lugar cuando se transfiere una palabra junto al nuevo referente designado para el que no existe un término autóctono: el *ordinary cultural borrowing*, o «préstamo cultural ordinario», y el *intimate borrowing*, o «préstamo interno o íntimo». El primero de ellos es la consecuencia lingüística de la difusión de los productos culturales de una nación a otra en virtud de las relaciones políticas, sociales o comerciales existentes entre ambas. Puede decirse que es la demostración de lo que un pueblo ha enseñado al otro y, en general, es mutuo, si bien durante un período determinado una de las lenguas puede dar más de lo que recibe. Por su parte, el segundo tipo de préstamo es aquel que se origina cuando se hablan dos lenguas dentro de una misma área geográfica, esto es, en un contexto de bilingüismo social, y suele ser unilateral, ya que una de las lenguas está en una posición de superioridad con respecto a la otra. Conforme a la clasificación bloomfieldiana, estimamos que las interferencias que se producen en la actualidad entre las lenguas europeas y, en especial, entre la francesa y la española, corresponden a la primera de las categorías establecidas por este lingüista. En efecto, a nuestro parecer, el castellano y el francés en Europa no pueden concebirse como «lenguas en contacto» en sentido estricto, en cuyo caso —como ocurre en comunidades donde existe un bilingüismo generalizado— la relación que se produce es tan intensa, el impacto de una lengua sobre otra alcanza proporciones tan amplias, que los idiomas en cuestión no sólo comparten unidades léxicas sino también reglas fonológicas y gramaticales (Bynon 1981: 298). Ahora bien, si interpretamos la noción de «contacto» de forma más laxa, como propone Bynon, sí puede incluir la clase de lazos que se establecen con nuestro vecino ultrapirenaico, siempre y cuando tengamos muy claro que los préstamos entre ambas lenguas serán esencialmente léxicos, según advierte Rey-Debove (1987:1) a propósito del francés y el inglés y que nos permitimos extrapolar a nuestro caso.

Sea como fuere, la existencia en un momento dado de un cierto grado de bilingüismo en un conjunto de hablantes parece constituir un requisito ineludible en cualquiera de los supuestos. Efectivamente, la «ocasión del préstamo», el *locus* del contacto, en palabras de Weinreich (1953: 170), depende «soit d'un état de bilinguisme accompagné de diglossie, soit d'un contexte bilingue isolé, soit d'un bilinguisme individuel, qui, à un moment donné, offre le choix entre l'emprunt et un autre procédé néologique» (Goddard 1976: 430). Así, en lo tocante a las dos lenguas románicas de cultura que nos ocupan, es manifiesto que no existe un contexto de bilingüismo consolidado, pero no es menos cierto que se dan situaciones aisladas de contacto interlingüístico, de carácter más efímero, un tipo de relación que Goddard (1976: 428) denomina «contextos bilingües» y que Pottier (1989: 655), por citar nada más que a dos autores, define como un «contacto bastante estrecho entre las civilizaciones».

Es un hecho evidente, pues, y son numerosos los estudiosos que lo subrayan −Haugen (1949: 279), Deroy (1956: 191), Dubois (1963: 10-1), Jakobson (1963: 35) o Kiesler (1993: 505-6)−, que no parece posible un proceso de préstamo lingüístico sin que haya uno o varios individuos bilingües que actúen como introductores del nuevo elemento. Naturalmente, nos valemos aquí del término «bilingüismo» en sentido amplio para referirnos a cualquier grado del mismo, desde el completo dominio de dos o más lenguas, hasta el más rudimentario conocimiento de un idioma distinto al propio, y opinamos, lo mismo que Malmberg (1982: 148), que con unos conocimientos superficiales de la otra lengua ya es posible la adquisición de préstamos.

El bilingüismo, tal y como lo acabamos de definir, constituye, de este modo, una condición mínima para que exista interferencia interlingüística, es un requisito necesario pero, como bien puntualiza Vogt (1954: 368), no suficiente si no va acompañado de una actitud receptiva hacia esa segunda lengua, motivada por toda una serie de agentes extralingüísticos que los estudiosos denominan «condiciones», «causas», «motivos» o «motores» del préstamo, y que son los mismos que provocan el cambio semántico, con la diferencia de que, en este supuesto, la solución del problema se busca en el seno de la lengua propia. Los factores que se subrayan en la mayoría de las obras consultadas pueden reducirse a dos: el primero, y el más común, es la necesidad de denominar, *the need-filling motive* de Anttila (1989: 155) y, el segundo, el prestigio. Esta última causa, el reconocimiento social del que goza el grupo que ostenta la condición de bilingüe, viene a añadir a la función denotativa que cumplen los vocablos foráneos una función connotativa, tal y como lo apuntan Vogt (1949: 32) y Dubois (1963: 11), y es la base de la distinción que propone Guilbert (1975: 91) entre los «préstamos denotativos», que se incorporan junto al objeto nombrado según la fórmula horaciana *res verba sequuntur*, y los «préstamos connotativos», que se importan más por mimetismo que por ser realmente precisos. Por fortuna, esta oposición es rechazada de forma tajante en la actualidad al ser unánime la convicción expresada por Hope (1971: 721) de que «all borrowing takes place for a reason. Each transferred term bears witness to an impulse, a stimulus which at the time of borrowing was sufficient for transfer to occur».

Fuera ya de esta antítesis entre «préstamo necesario» y «préstamo de lujo», son varios los autores que amplían el número de elementos que ocasionan el préstamo: Weinreich (1953: 56 y ss.) enumera hasta siete razones, mientras que Hope (1971: 701 y 724) y Humbley (1974: 47) distinguen entre motivos externos, impuestos por el mundo extralingüístico, y factores internos o lingüísticos, que se explican por una necesidad estructural de la lengua receptora. De lo expuesto se desprende la importancia de tomar en consideración factores de orden no lingüístico en la etiología del préstamo, tal y como lo reconocen expresamente Silva-Corvalán (1989: 170) o Blas Arroyo (1991: 280).

Una vez introducida la lexía extranjera en la lengua receptora, nos hallamos ante una segunda etapa –o una nueva condición (Hockett 1971: 390)– del proceso del préstamo lingüístico: la divulgación de las nuevas palabras facilitada, además de por otros medios, por el mencionado prestigio del entorno en el que el préstamo ocurre o, según el decir de Gusmani (1986: 39), del «ambiente importador» que se arroga las funciones vehiculares. Así, los hablantes monolingües manifiestan un conjunto de interferencias léxicas que han adquirido al imitar unos comportamientos lingüísticos influyentes sin necesidad de haber manejado los dos códigos interpuestos. Siguiendo a Hudson (1981: 70), podemos construir una escala de accesibilidad al préstamo en la que algunos elementos se importan sólo bajo condiciones de bilingüismo muy extendido –como la morfología inflexional, el léxico básico y los conceptos abstractos– aun con la intervención del factor prestigio, mientras que otros se transfieren desde el momento en que unos pocos hablantes ostentan esa cualidad. Tal es el caso de las formas léxicas más especializadas como, por ejemplo, las pertenecientes al vocabulario de los inventos que se hallaría, de este modo, en el extremo de mayor accesibilidad al préstamo, ya que el motivo de su importación es el más obvio e inmediato: una necesidad de orden práctico como es solventar la falta de una nueva denominación para un objeto o concepto desconocidos que se han creado en un país extranjero.

Si nos ceñimos al marco específico de las interferencias entre lenguas europeas, cabe señalar que, amén de distinguirse por ser de índole cultural, se caracterizan por producirse, fundamentalmente, por vía escrita, dando lugar a los denominados «préstamos cultos o visuales» (ing. *eye-loans*; fr. *emprunts visuels ou écrits*), que se oponen a los «préstamos orales» (ing. *ear-loans*; fr. *emprunts auditifs ou oraux*), según indica Goddard:

> In the European languages in general and the Romance languages in particular [...] the majority of borrowings have not been made orally in bilingual situations, but have been transliterated from one written language to another, and subsequently diffused through literary channels. (1969: 338-9).

Creemos que las afirmaciones de este lingüista son aplicables al caso concreto del castellano ya que, como escribe Pratt (1980: 16), el lenguaje coloquial del español medio está muy influido por la norma escrita en virtud, por una parte, de la alfabetización masiva de la población y, por otra, del acceso generalizado a la televisión, cuyo lenguaje constituye, esencialmente, una modalidad escrita. Del mismo parecer es Seco cuando sostiene que:

> [...] lo que realmente nos dan el cine, la radio y la televisión no es *lengua hablada*, sino *versión oral de la lengua escrita*: lectura o recitación aprendida de memoria, de textos escritos. Sólo se exceptúan, en radio y televisión, ciertas improvisaciones de locutores o presentadores, y algunas respuestas de personas entrevistadas (1977: 187).

Por todo ello, podemos afirmar que, incluso estimando que uno de los vehículos más importantes de difusión de extranjerismos lo constituyen los medios no escritos de comunicación de masas, los préstamos así originados siguen siendo de tipo visual y no oral.

De lo dicho hasta aquí se desprenden las dos premisas básicas sobre las que se asienta el análisis de los galicismos del español contemporáneo que hemos llevado a cabo. En primer lugar, la consideración de las interferencias lingüísticas del francés en el castellano como un efecto de la influencia de la civilización francesa en nuestra cultura y, en segundo término, la convicción de que tales interferencias constituyen préstamos culturales, principalmente de tipo visual.

4.2. Terminología y conceptos básicos

Como acabamos de constatar, el estudio del contacto y de las influencias mutuas entre lenguas tiene una larga tradición en la lingüística, al tiempo que constituye un punto de encuentro para investigaciones de campos diversos, como la lexicografía, la sociolingüística, la historia de la lengua, la antropología o la enseñanza de lenguas. Por otro lado, la terminología empleada para designar los diferentes aspectos relacionados con este fenómeno es bastante abundante y ha ido variando a lo largo del tiempo.

Tradicionalmente, la denominación más extendida en el uso, aunque no por ello suficientemente unívoca, ha sido la de «préstamo», muy arraigada en los principales idiomas europeos: fr. *emprunt*; al. *Lehnwört, Lehngut, Entlehnung*; ing. *loanword, borrowed word, borrowing, import* (García Yebra, 1997: 339). Con rigor, deberíamos llamar «préstamo» a cualquier fenómeno de interferencia derivado del contacto y del influjo recíproco de lenguas diversas, entendiendo por «lenguas» no sólo las literarias o nacionales, sino también aquellas individuales, propias de cada hablante (Gusmani 1986: 9). No hay que olvidar, por otro lado, que el término «préstamo» es una adaptación lingüística de un vocablo perteneciente al habla corriente, en concreto al mundo mercantil, basado fundamentalmente en el intercambio de bienes y en las leyes de la oferta y la demanda. Del mismo origen proceden también las principales limitaciones que presenta la expresión y que han sido señaladas por ciertos investigadores. Así, Haugen señala ya en 1950 la poca fortuna de tal metáfora debido a que: «[...] the borrowing takes place without the lender's consent or even awareness, and the borrower is under no obligation to repay the loan» (1950: 211), aunque sigue proponiendo su empleo al no encontrar una denominación más apropiada. En la misma década que Weinreich, el lingüista belga Louis Deroy, pese a compartir la objeción esgrimida por Haugen, no considera incorrecta la voz ya que, cuando menos en francés, «un vieil usage permet d'employer le verbe *emprunter* avec le sens adouci de 'tirer de, prendre de, recevoir de'» (1956: 18, 20).

Por lo demás, la lexía «préstamo» ofrece inconvenientes también como hiperónimo puesto que no ha sido siempre utilizada con la suficiente amplitud conceptual. Efectivamente, como señala Payrató (1985: 58), se trata de un vocablo que parece implicar la agregación de una nueva unidad a un conjunto, lo que no siempre ocurre, pues en los contactos entre lenguas el proceso típico es el de sustitución de una forma genuina por otra de origen extranjero. Del mismo modo, el término se ha aplicado casi exclusivamente a los fenómenos léxicos, cuando estos son sólo parte del resultado de las influencias interlingüísticas. En otros supuestos, se ha restringido su uso para aquellos elementos extraños que vienen de una lengua actual frente a los «cultismos» –o «palabras cultas» o «literarias», en francés *mots savants* (Porzig 1974:286)–, procedentes del fondo histórico grecolatino y cuya condición de préstamo no suele advertirse al ser percibidos por los hablantes como unidades naturales (Cabré Castellví 1993: 181-182). Finalmente, una nueva dificultad estriba en que, en sentido estricto, la palabra «préstamo» únicamente hace referencia a la voz foránea completamente integrada en el sistema de otra lengua (al. *Lehnwört*), frente al «extranjerismo» (ing. *foreign borrowing*; al. *Fremdwört*), vocablo percibido como extranjero que conserva la forma fónica y la acentuación primitivas (Abraham 1974: 188 y 361). Esta oposición presenta gran similitud con la propuesta por Deroy (1956: 224) entre *pérégrinismes* o *xénismes* y *emprunts proprement dits*, la defendida por Vidos (1965: 369) entre «préstamo adaptado» y «préstamo bruto» o, también, la que plantea Guilbert (1973: 23) entre *xénismes* y *emprunts véritables*.

Por otro lado, hay que señalar que, dentro de los «extranjerismos», «préstamos brutos» o «crudos», algunos lingüistas distinguen, a su vez, entre «xenismos» y «peregrinismos». De esta manera, los primeros constituyen el estadio inicial del proceso de interferencia, no son términos prestados en sentido estricto sino que siguen perteneciendo a su lengua de origen, hacen referencia a un significado característico de esta y tienen su propio valor debido a esa forma extranjera. La mayoría de las veces aparecen, además, en situación de *autonymie*, de discurso citado, por lo que vienen acompañados de una marca metalingüística de cita, de su traducción o de una «périphrase définitionnelle synonyme» (Rey-Debove 1973: 116 y, de forma similar, Guilbert 1975: 92 y Nicolas 1994: 91). A juicio de Lázaro Carreter, «no sólo se escriben entre comillas: se diría que hasta se entrecomillan al pronunciarlos» (1985: 36). En lo que atañe a la segunda categoría, los «peregrinismos», corresponden ya a la forma mínima del préstamo ya que se hallan en vías de aclimatación, lo que conlleva que las comillas del habla desaparezcan, si bien pueden subsistir en la escritura (Lázaro Carreter 1987: 36). En este supuesto, la interferencia que se origina es sólo parcial pues, a pesar de que el término sigue percibiéndose como foráneo, es insustituible, sea porque no tiene equivalente, sea porque incorpora algún rasgo denotativo o connotativo del que carece la voz autóctona, y además designa unas realidades que ya son familiares para los usuarios de la lengua receptora. Nos hallamos, de esta forma, ante un signo casi completo, con un significado cada vez más lleno y que no precisa traducción o descripción alguna.

Para los estudiosos antes mencionados, este *continuum* prosigue con el «préstamo *stricto sensu*», voz totalmente integrada en el léxico indígena de tal modo que los hablantes no son conscientes de su origen, se prolonga con el «calco» o «préstamo de traducción», elemento que no presenta ningún parecido formal con la palabra o expresión de la que deriva, y concluye con el «préstamo semántico». Este último es, como observa Deroy (1956: 215), la influencia menos perceptible que una lengua puede ejercer sobre otra ya que, al no conllevar modificación de la forma del término receptor, es invisible.

De todo lo expuesto se desprende que estamos frente a unas categorías difíciles de delimitar con exactitud, pues en definitiva no constituyen más que una simple gradación que, con frecuencia, a juicio de Lewandowski (1973-75: 272), está desprovista de valor práctico, excepto si se persiguen fines exclusivamente puristas. Ya Bally en 1909 sostenía que no existía una diferencia rigurosa entre la naturaleza del préstamo y la del calco, puesto que «ils diffèrent dans leur forme extérieure, mais très peu par leur origine et leurs caractères fondamentaux; ils ont une seule et même raison d'être et une égale influence dans la formation du vocabulaire» ([1909] 1951: 50).

En otro orden de cosas, debe tenerse en cuenta, como indica Lázaro Carreter (1987: 36-37), que hay términos que se asimilan rápidamente, sin pasar por la condición de «peregrinismo», mientras que otros, como el sustantivo *croissant*, nunca se adaptan del todo a las normas de la lengua receptora. Además, sigue observando este autor, hay que advertir que la transición de «peregrinismo» a préstamo que, sea dicho de paso, no es más que una cuestión de tiempo, era más rápida cuando su presencia escrita era menor; en la actualidad, como los extranjerismos penetran tanto por los ojos como por los oídos, nos acostumbramos a su imagen gráfica original y somos reacios, a veces, a aceptar la forma hispanizada.

Otra noción con la que nos hemos topado a menudo, y que está en relación con la oposición entre préstamos necesarios y superfluos, es la que designa el término «barbarismo» el cual, según Gómez Capuz (1998: 52), es un hiperónimo de «extranjerismo» debido al rasgo común que presentan de transgresión de la norma de un determinado sistema lingüístico. Pese a que estrictamente sirve para distinguir una «falta del lenguaje que cometen los extranjeros al adaptar a la lengua que pretenden hablar palabras de su propio idioma» (Lázaro Carreter 1981), constituye un verdadero cajón de sastre en el que se esconde toda una serie de incorrecciones lingüísticas de distinto género que se denuncian como «vicios» que hay que perseguir.

Por último, no queremos dejar de mencionar, en este apartado dedicado a la terminología propia de esta materia, otra categoría de palabras constituida por los llamados «internacionalismos» (ing. *internationalism*; al. *Internationalismus*). Explica Gómez Capuz (1998:78-79) que, antes de que se difundiera este vocablo, se aludía a esta clase de neologismos con las expresiones *mots voyageurs* (ing. *pilgrim words*; al. *Wanderwörter*) o *international words*, como así lo hemos podido comprobar en la obra de Haugen (1950: 227-228). Este término, relativamente frecuente a partir de la década de los sesenta, designa aquellos neologismos formados en su mayoría por elementos grecolatinos que se adaptan a la morfología particular de cada idioma y que se difunden de forma casi instantánea a través del mundo, dificultándose de este modo la identificación de la lengua en la que fueron acuñados. Siguiendo con Gómez Capuz (1998: 78 y ss.), además de por su casi imposible caracterización, se distinguen por ser el resultado de un proceso multilateral frente a la bilateralidad propia de las categorías tradicionales de préstamos. Sin embargo, Thibault y Glessgen (2003: 10-11) opinan que, combinando la cronología de las primeras documentaciones disponibles para cada lengua y los indicios contextuales, el lexicólogo puede llegar a conocer el origen de gran parte de estos neologismos.

Las múltiples vacilaciones que, como hemos podido apreciar a lo largo de este recorrido terminológico, presenta la denominación «préstamo» nos han llevado a elegir como hiperónimo la expresión «interferencia lingüística» en sentido amplio por la que opta, entre otros autores, el lingüista catalán Lluís Payrató en su obra *La interferència lingüística*, publicada en 1985. Si bien existen antecedentes en el siglo XIX en investigadores como William Dwight Whitney o Hugo Schuchardt, como bien señala Payrató, uno de los primeros en utilizar este sintagma fue Kristian Sandfeld en su comunicación «Problèmes d'interférences linguistiques» presentada, en 1936, en el *IV Congreso Internacional de Lingüistas* celebrado en Copenhague. En esta contribución, Sandfeld plantea la cuestión ya con toda su complejidad y extensión, como lo demuestran sus propias palabras: «il n'y a pas de domaine linguistique où une influence étrangère ne puisse pas se faire sentir. [...] on n'exagérera guère en disant qu'en fait d'interférences linguistiques tout est possible en principe» (1938: 59 y 60).

El término «interferencia» procede del campo de la física ondulatoria (Van Overbeke 1976: 77-78), en el que se refiere a la coincidencia de dos o más ondas en una misma dirección, lo que implica, bien una anulación, bien una superposición, pero que, en todo caso, como comenta Payrató (1985: 17, 51), es una denominación perfectamente neutra. No obstante, al adoptarla otras disciplinas como la electrónica, la pedagogía o la psicología, la expresión cobra unas connotaciones negativas de 'perturbación' o 'injerencia', si bien, conforme a la opinión de Van Overbeke (1976: 94), sigue tratándose de una noción bien definida, sin riesgo alguno de que pueda confundirse con otros conceptos. En el terreno de la lingüística, su empleo como una consecuencia del contacto entre lenguas, según el cual un determinado elemento, marcadamente ajeno, se introduce en un código o en el uso que se hace de ese código, la acerca, tal y como ocurría en los campos antes mencionados, a términos como «infiltración», «intromisión», etc. Con todo, contrariamente a lo que acontece en los demás ámbitos, y a pesar de que su utilización va en aumento, adolece de una gran vaguedad conceptual pues varía de un autor a otro. Así, en la década de los 50, la encontramos en los trabajos de Weinreich aplicada, especialmente, a aquellas desviaciones de la norma que se producen en el habla de personas bilingües como consecuencia del manejo de más de un código lingüístico:

> Those instances of deviation from the norms of either language which occur in the speech of bilinguals as a result of their familiarity with more than one language, i.e. as a result of language contact, will be referred to a interference phenomena. It is these phenomena of speech, and their impact on the norms of either language exposes to contact, that invite the interest of the linguist (1953: 1).

Para Beniak, Mougeon y Valois (1985: 5), estas consideraciones, ya clásicas, del investigador americano dan pie para diversos comentarios, entre los que resaltamos dos. Ante todo, el vocablo «interferencia» es para Weinreich una etiqueta general, un sinónimo de «influencia interlingüística» bajo cualquier forma (préstamo léxico, extensión semántica, calco, etc.). En segundo lugar, a pesar de no haber sido él quien la estableciera, este autor es el primero que insiste en la importancia de la distinción que hay entre la interferencia que se produce en el habla de los bilingües y la interferencia que se manifiesta en la lengua, oposición que plasma mediante una expresiva imagen: «In speech, interference is like sand carried by a stream; in language, it is the sedimented sand on the bottom of a lake» (1953: 11). Su mérito radica en separar ambos fenómenos pero considerándolos fases de un mismo proceso, de tal forma que en el primer momento los hechos de interferencia están ligados al bilingüismo, en tanto que en la segunda fase la interferencia ha afectado ya al sistema lingüístico y puede encontrarse en hablantes monolingües. Esta disociación se verá plasmada posteriormente por Mackey (1976) en su dicotomía interferencia *vs.* integración.

En definitiva, la relevancia de Weinreich radica, sobre todo, en haber expresado su oposición al término «préstamo», empleado por Bloomfield como apelación general, y en haber señalado la posibilidad de otras formas de interferencia distintas a la léxica. En cuanto a las críticas que suelen hacerse a su planteamiento, destaca el que haya entendido el fenómeno en uno solo de los aspectos que derivan del contacto interlingüístico, esto es, el de error o desviación. De ahí que, con el ánimo de evitar ese valor negativo que la expresión puede implicar, algunos autores propongan el uso de denominaciones alternativas, como es la de «transferencia» (Haugen 1970: 6, Silva-Corvalán 1989: 179 y otros).

Si seguimos rastreando en el tiempo las principales concepciones de esta noción, llegamos a Martinet, quien en 1960 proporciona ya una definición *lato sensu* de «interferencia», que más tarde será adoptada tanto por Abraham (1974: 258) como por Mounin (1974: 181) en sus respectivos diccionarios de lingüística:

> L'interférence se manifeste sur tous les plans des langues en contact et à tous les degrés: dans le domaine du lexique, elle déterminera, outre les extensions de sens ou d'emploi, l'emprunt pur et simple d'un signe, le calque, c'est-à-dire la combinaison de deux signes existants sur un modèle étranger, le calque approximatif et l'équivalent suggéré. Dans tous les cas qui précèdent, il s'agit de faits d'interférence à peu près fixés dans la langue emprunteuse, c'est-à-dire dans l'usage des unilingues, et qui ne sont la manifestation d'un comportement linguistique individuel [...] L'interférence couvre tous les faits d'emprunt (Martinet 1960: 174-176).

En la misma época, el lingüista belga Van Overbeke (1976: 14) defiende, a su vez, otra postura. Para él, la interferencia propiamente lingüística no es más que una ínfima parte de la interferencia de conducta del hombre, vinculada tanto a sus sentidos como a los esquemas culturales e ideológicos que lo caracterizan.

A diferencia de Weinreich, en estos últimos trabajos la interferencia no aparece ya como el resultado de un desvío sino como una superposición de estructuras de dos sistemas o como un simple cambio lingüístico. Por último, Gusmani (1986: 138) concibe el préstamo como el resultado del contacto, es decir, un punto de llegada estático, en tanto que entiende la interferencia como la propia dinámica de ese contacto, lo que plasma en las definiciones que siguen:

> Interferenza è il processo per cui due codici differenti si sovrappongono e intersecano nell'atto linguistico di un individuo; prestito è la possibile conseguenza di quel processo, che si verifica quando l'elemento che è stato oggetto dell'interferenza, tramite la sua diffusione ad un numero sempre più grande d'idioletti, viene a costituire parte integrante del sistema linguistico che ha subìto l'influsso.

Como es de suponer, Payrató no es el único defensor de un uso global de la expresión, pero sí es uno de los primeros que la desarrolla con profundidad. El empleo de «interferencia» que propugna es como denominación total, de conjunto, de un grupo «natural» de casos de cambio lingüístico:

> Una interferència, en sentit ampli, és un canvi lingüístic (= una innovació, una pèrdua, una substitució) que té lloc en una llengua A (o registre), i que és motivat directament per la influència d'una llengua B (o d'un altre registre de la mateixa llengua, si així s'especifica) (1985: 58).

Este nos parece el enfoque más apropiado como término genérico por varios motivos, entre los que resaltamos su carácter de neutralidad, que se opone a la finalidad correctiva ya señalada de otras denominaciones, y su amplitud, pues supera tanto la oposición antes mencionada entre elementos extranjeros adaptados y no adaptados, como otras distinciones que vamos a exponer a continuación. Así, algunos investigadores, como Mackey (1976: 308), que ya hemos citado con anterioridad, diferencian la «interferencia» en sentido estricto, que se produce como consecuencia de un contacto de lenguas en el aspecto individual, de la «integración», que es la incorporación a una lengua de elementos pertenecientes a otra y que constituye el aspecto social de tal contacto. Como puntualiza Payrató (1985: 61), nadie objeta la existencia en este fenómeno de dos fases; lo que resulta discutible es que haya que denominarlas de forma diferente, puesto que la interferencia es un proceso que posee un carácter unitario. De este modo, el propio Weinreich (1953: 1), que en un primer momento se sirve del sintagma «interferencia *stricto sensu*» para referirse, exclusivamente, a desviaciones que se producen en el habla de sujetos bilingües, utiliza páginas después el término con el sentido global por el que abogamos aquí.

Finalmente, otros autores, como Appel y Muysken (1996: 247), hablan de «interferencia léxica» para aludir a los préstamos esporádicos, es decir, aquellas palabras de una lengua extranjera que se toman accidentalmente en el discurso, frente a aquellas otras voces que llegan a estar completamente integradas en la lengua receptora.

Por lo demás, el uso del vocablo «interferencia» por el que optamos no implica necesariamente el rechazo de todas las denominaciones tradicionales. De esta forma, nos serviremos en ocasiones del término «préstamo», que se continúa utilizando en trabajos recientes como un tipo determinado de interferencia, o de la lexía específica «galicismo», que hace referencia a su origen e identifica una de las lenguas en presencia.

4.3. Sincronía y diacronía

La perspectiva temporal constituye un aspecto metodológico de esta investigación que no podemos pasar por alto, pese a que queremos dejar bien claro que no forma parte de nuestro cometido el entrar en un tema tan espinoso como es el contencioso sincronía/diacronía, en el que ni los propios especialistas se ponen de acuerdo. Por ello, sólo aludiremos de forma esquemática a las posturas más significativas en esta materia.

Las primeras publicaciones que hemos consultado se sitúan en el ámbito de la lexicología general, como es el caso de Matoré (1972: 53-57, 93), quien sostiene que el estudio de las palabras ya no puede basarse en un período teóricamente instantáneo de la historia de la lengua, ni pueden aplicarse a los hechos de vocabulario clasificaciones arbitrarias proporcionadas por la historia sociopolítica. Propone, pues, que se lleve a cabo una serie de cortes racionales basados en el concepto de «generación» con el fin de circunscribir estos estudios a una época determinada, y cierra su argumentación con las palabras que siguen:

> L'existence des mutations dans le vocabulaire nous entraîne aussi à réviser la distinction établie par Saussure entre le *diachronique* et le *synchronique*: la lexicologie inscrit dans la linguistique statique la notion de temps (1972: 93).

Por su parte, Wagner (1970:14-20) afirma que, en la actualidad, nadie pone en duda la necesidad de centrar las investigaciones lexicológicas en estados de sincronía, cuyos límites pueden fijarse a partir de acontecimientos extralingüísticos.

Pasamos ahora a ocuparnos de algunas aproximaciones, como las de Guilbert (1975), Rey (1976), Goddard (1969, 1976) o Cabré Castellví (1993), que relacionan la noción de «préstamo» con la de «neología» al considerar que se trata de dos respuestas ante una misma situación de ausencia. En este sentido, Guilbert, cuando habla de las repercusiones neológicas del préstamo, se sitúa en el plano de las relaciones entre el sistema lingüístico receptor y el sistema de otras lenguas extranjeras vivas dentro de una sincronía contemporánea (1975: 89), mientras que Rey (1976: 16) defiende, no tanto como cuestión teórica sino como cuestión metodológica y estratégica, que la neología por préstamo sólo puede ser estudiada en sincronía. A su vez Goddard (1969: 337-344), al hacer un repaso de algunos acercamientos al estudio del préstamo, critica los métodos históricos que todavía prevalecen en Europa y que conciben los préstamos como símbolos del intercambio cultural entre lenguas modernas excluyendo, inevitablemente, el aspecto formal de los mismos y su estudio en base a criterios lingüísticos. Prosigue diciendo que este tipo de análisis puramente diacrónicos presenta serias dificultades que sólo pueden resolverse acudiendo a criterios sincrónicos. Por fin, defiende la postura de volver a concebir el préstamo como una forma de neologismo.

Centrados ya en las monografías específicas sobre el préstamo lingüístico, constatamos entre las grandes escuelas concepciones diversas que, muchas veces, se quedan en un estadio fundamentalmente teórico. Por una parte, están los que piensan que el proceso lingüístico del préstamo es de índole histórica y que, por consecuencia, la metodología aplicable debe ser diacrónica, en tanto que, por otra, están aquellos que afirman que los préstamos pueden ser identificados mediante procedimientos sincrónicos.

Deroy (1956: 47-59) amalgama cuatro tipos de criterios para identificar los préstamos (históricos, fonéticos, morfológicos y semánticos), aunque en sus trabajos es predominante la concepción diacrónica. En cuanto a lingüistas pertenecientes a la escuela norteamericana, como Weinreich (1953, 1968) o Haugen (1949, 1950, 1956 y 1970), que han estudiado el fenómeno dentro del contexto del bilingüismo de los inmigrantes, mantienen opiniones dispares: bien como el primero –que analiza principalmente el aspecto psicolingüístico del fenómeno–, se abstienen de tomar una postura al respecto, bien como Haugen, expresan claramente su preferencia por el análisis diacrónico. Efectivamente, en su artículo «The Analysis of Linguistic Borrowing» (1950: 227), este último deja bien claro que la identificación de los préstamos es una cuestión de índole histórica, no susceptible de métodos de análisis sincrónicos, debido a que hay que efectuar una comparación entre estados anteriores y posteriores de una lengua dada para poder detectar las posibles innovaciones.

Frente a la falta de uniformidad ante esa dicotomía, la mejor solución parece ser la de adoptar una postura ecléctica, como hizo Hope en 1971 en su extensa obra sobre la influencia recíproca del francés y el italiano a lo largo de ocho siglos. En efecto, después de exponer distintas tendencias teóricas y de reconocer las importantes divergencias existentes entre los expertos en la materia, decidió seguir el siguiente método: un marco básico sincrónico –las voces se agrupan en listas según el siglo en el que se documentan–, pero que es también diacrónico en cuanto a la evaluación y al análisis de tales listados (1971: XIX-XV). En el mismo sentido se pronuncia Humbley (1974: 74), vinculado asimismo a la tradición francesa, al inclinarse en el proceso de identificación de los préstamos por una primera fase descriptiva para localizarlos y clasificarlos, según criterios formales o semánticos derivados de la actualidad de las dos lenguas en contacto, y por una posterior etapa diacrónica que determine la vía de entrada y la posible existencia de lenguas intermediarias en la incorporación de los elementos foráneos. Ya más recientemente, el alemán Kiesler (1993: 505) está convencido de que el mismo concepto del préstamo demuestra la imposibilidad de una separación estricta entre sincronía y diacronía.

Algunas investigaciones publicadas en los últimos años acerca de la presencia de anglicismos en diversas lenguas europeas han optado por basarse en el esquema de Hope, como es el caso de Pratt (1980) o de Pergnier (1989), y lo mismo hemos hecho nosotros al seguir básicamente este enfoque. De ese modo, el marco fundamental de la investigación que hemos realizado es sincrónico, pues consiste en describir un corpus de galicismos que se remonta a principios del siglo XX, mientras que las pesquisas de la datación y el establecimiento de los elementos de origen francés introducen en el estudio una dimensión diacrónica.

Para concluir este apartado, no podemos dejar de citar a Vidos, quien, ya en 1960, acuñó el sintagma «sincronía diacrónica»:

> Pour pouvoir établir comment un emprunt a eu lieu il faut envisager la question au point de vue synchronique. Mais il est extrêmement difficile, sinon impossible, d'observer un procès d'emprunt sous un angle synchronique. [...] Le moyen d'observer un procès d'emprunt nous est donné dans la synchronie diachronique. En ressuscitant un procès linguistique qui a eu lieu autrefois et en se transportant dans l'ambiance où l'emprunt a pu avoir lieu, on envisage celui-ci sur la base des données concernant cette ambiance, selon une méthode correcte, au point de vue synchronique. Dans les recherches sur l'origine d'un emprunt les données diachroniques nous fournissent des matériaux bruts dont on ne peut se passer si l'on veut saisir l'emprunt, car celui-ci nous échappe dans la synchronie non diachronique (1960: 1).

4.4. Etimología remota y etimología próxima

La cuestión de la identificación del origen del préstamo significa remontarse desde la lengua prestataria hasta la lengua fuente y tratar de descubrir tanto la cronología exacta de la adopción de la palabra, como el proceso seguido en su adquisición y las posibles modificaciones que esta puede haber sufrido en el camino. No son pocos los casos en que se reconoce un doble étimo, próximo y remoto, por lo que hay que dilucidar en ese, a menudo, largo y difícil análisis el papel desempeñado por las denominadas «lenguas intermedias». De esta forma, en bastantes supuestos es tarea ardua establecer cuáles son esos idiomas vehiculares, ya que no disponemos de datos concluyentes para seguir la pista del vocablo y, además, tampoco resulta sencillo saber lo que es atribuible a su propia evolución espontánea y lo que es consecuencia de una influencia foránea. Uno de los indicios que nos puede ayudar a conocer si una lengua ha intervenido como mediadora en la importación de una voz es que esta haya adquirido algún rasgo característico ausente en la lengua modelo.

A pesar de que hay acuerdo entre los estudiosos en cuanto a la importancia de la identificación de las lenguas intermediarias dentro de la necesaria investigación de todos los tramos que constituyen la ruta hacia la lengua prestataria, algunos autores, entre los que destacamos al lingüista croata Rudolf Filipovic (1974 y 2002) y al alemán Manfred Görlach (2001 y 2002), opinan que la llegada de un vocablo por vía indirecta no significa que este pierda su identidad primigenia. De tal manera, Görlach, al presentar en las páginas preliminares la macroestructura y la microestructura de su *Dictionary of European Anglicisms*, considera, entre las informaciones complementarias que pueden incluir los artículos de su inventario, la vía de transmisión del anglicismo cuando este no proviene directamente del inglés (2001: XVIII, XX y XXIII). En una obra posterior, alude concretamente a las huellas –en la grafía, pronunciación, morfología o significado– que un idioma mediador deja en el anglicismo, como así lo continúa considerando hoy en día (2002: 5). Otros lingüistas, por el contrario, son del parecer de apellidar esos préstamos con el nombre de la lengua puente. El más explícito y categórico en la defensa de este punto de vista es Chris Pratt quien, en su primer trabajo sobre los anglicismos en el español actual (1970: 85-86), distingue entre el «étimo primario», lengua de la que proviene directa e inmediatamente el elemento foráneo, y el «étimo último», aquella otra fijada arbitrariamente como la originaria. Este segundo idioma puede estar tan alejado cuanto queramos seguir la pista de la historia de la palabra examinada, y puede tratarse tanto de una lengua clásica (griego, latín, germánico, sánscrito, etc.), como de una lengua moderna. En su siguiente investigación (1980: 36-58), y a causa de la confusión que el sintagma «étimo primario» podría producir, el autor opta por la dicotomía «étimo inmediato»/«étimo último», que es la que ha hecho fortuna.

Los últimos análisis sobre el anglicismo en el castellano suscriben, en general, las ideas de Pratt, como lo demuestran los trabajos de Lorenzo (1987), Gómez Capuz (1991a) y González y Lillo (1997). También Thibault y Glessgen siguen la distinción «etimología remota» y «etimología próxima» en su artículo «El tratamiento lexicográfico de los galicismos en español» (2003: 9-10).

Por nuestra parte, en esta labor de reconocimiento de los galicismos actuales hemos dado absoluta primacía al «étimo inmediato», pues pensamos con Pratt que, en un trabajo en parte sincrónico como el nuestro, los idiomas que hayan proporcionado los étimos últimos carecen de importancia, ya que la definición de galicismo de la que partimos especifica de forma clara que el elemento en cuestión debe derivar directa e inmediatamente del francés. De todos modos, en la recopilación de préstamos franceses que llevamos a cabo, siempre que tuvimos conocimiento de la fuente remota, no dudamos en mencionarla.

5. Tipología de la interferencia lingüística

5.1. La tradición norteamericana

5.2. Principales clasificaciones en el ámbito europeo

5.3. Modelos de categorización: el caso de los anglicismos

5.4. Otras propuestas taxonómicas

5.5. Nuestra propuesta de modelo

Estudiando la reacción de una lengua ante las palabras extranjeras, viendo si las rechaza, las traduce o las acepta sin reparos, se pueden llegar a conocer más de cerca sus tendencias formales innatas.

Edward Sapir, *El lenguaje. Introducción al estudio del habla.*

En el estudio de la interferencia entre lenguas pueden adoptarse, fundamentalmente, dos direcciones: una perspectiva estrictamente lingüística y un planteamiento que tome en consideración factores de otra índole. En los últimos tiempos, algunos enfoques han intentado clasificar los préstamos extralingüísticamente por campos, nociones o criterios cronológico-semánticos, postura que hemos descartado en este trabajo. De esta forma, nuestro punto de vista se circunscribe al funcionamiento interno del sistema lingüístico, por lo que examinaremos el fenómeno atendiendo, en primer lugar, al mecanismo de interferencia y, a continuación, al tipo de integración (fonética, gráfica, morfosintáctica o semántica) que presentan las unidades importadas.

Como hemos podido ver en el capítulo anterior, el análisis de la interferencia lingüística ha venido ocupando la atención de un buen número de especialistas desde hace ya bastantes años. Algunos de ellos la han estudiado en contextos predominantemente orales y bilingües, inaugurando así el estudio del bilingüismo, en tanto que otros la han concebido como una consecuencia del contacto cultural que se produce entre las diferentes lenguas europeas occidentales en ámbitos generalmente no bilingües.

Tanto los primeros como los segundos se han interesado por el problema de la sistematización de los diversos tipos de interferencia, lo que se ha plasmado en no pocas clasificaciones. No es nuestro propósito realizar un recorrido completo ni tampoco llevar a cabo un análisis de las tipologías que se han elaborado hasta la fecha; para acercamientos críticos a las principales taxonomías, o para nuevas propuestas, remitimos a los trabajos de Gusmani (1973), Payrató (1985), Gómez Capuz (1991a y 1998), Kiesler (1993), Appel y Muysken (1996), y Gimeno Menéndez y Gimeno Menéndez (2003). No obstante, nos parece obligado presentar someramente las categorizaciones que nos han parecido más relevantes, así como exponer los criterios que, a este respecto, hemos adoptado en nuestra investigación, ilustrándolos con los ejemplos de los que disponemos de cada uno de los casos descritos.

5.1. La tradición norteamericana

Una de las primeras taxonomías y, a la vez, una de las más complejas, se la debemos a Haugen (1949 y 1950) el cual, una vez admitido el vocablo *loan* como término genérico para toda una serie de transferencias lingüísticas, parte de una clara distinción entre los dos grandes modos de reproducción de los elementos extranjeros en una lengua dada, dependiendo del grado de fidelidad del componente resultante con relación al original, esto es, la «importación» y la «sustitución»:

> Borrowing may best be defined as an attempt to reproduce in one language patterns that have previously been found in another. The reproduction may be more or less exact, which is determined by the way in which importation and substitution have been blended (1949: 288).

Así, la primera modalidad tiene lugar cuando se incorpora, en todo o en parte, un material lingüístico foráneo, en tanto que el segundo supuesto se produce cuando se reemplaza un elemento extranjero por un esquema similar existente ya en la lengua propia. Como observa Humbley (1974: 50), se trata de una tipología formal que se limita al análisis de la modificación que sufren las unidades prestadas con relación al tipo; en efecto, Haugen (1950: 212-213) define el fenómeno del préstamo (*borrowing*) no como un estado, sino como un proceso que implica el intento de trasladar a una lengua los materiales de otra, por lo que cualquier estudio del mismo conlleva una comparación del patrón original (*original pattern*), que él denomina «modelo», con su imitación. De esta manera, las categorías que propone, y que sintetizamos a continuación, se establecen en base al alcance de la desviación del elemento prestado respecto de su modelo en el plano morfémico o lexemático:

1. *Préstamos* (*loanwords*). Presentan importación lexemática y un grado variable de sustitución, por lo que pueden subdividirse «according to the extent of their phonological, morphological and syntactic substitution» (1949: 288-289). Constituye la clase más elemental de interferencia pues se toma directamente la lexía extranjera sin más modificación que el intento de adaptarla a las pautas fonológicas, gráficas y gramaticales autóctonas.

2. *Híbridos (loanblends)*. Ofrecen una combinación de importación y de sustitución lexemáticas. Sólo pueden afectar a vocablos descomponibles en la lengua original y se agrupan según cuál sea la parte importada.

3. *Calcos (loanshifts)*. Conllevan sustitución lexemática sin importación e incluyen «what is usualley called 'semantic loans [*calcos* o *préstamos semánticos*] and 'loan translations' or 'calques' [*calcos léxicos*]» (1949: 289).

Uno de los tipos de este último género, los *calcos* o *préstamos semánticos*, se descompone, a su vez, en varias subcategorías. De esta forma, en función de la relación semántica que exista entre el significado primitivo y el prestado, se diferencian los *loan homonyms*, en los que no hay ninguna vinculación entre la antigua acepción y la nueva, de los *loan synonyms*, en los que sí se da una semejanza semántica entre el término preexistente y el resultado del calco. Por otro lado, en lo que atañe al proceso del préstamo, el autor considera que los *calcos* o *préstamos semánticos* tienen más probabalidades de surgir cuando existe una semejanza de índole fonética o semántica entre la voz extranjera y la nativa, lo que le lleva a plantear una nueva distinción. Así, denomina «análogos» aquellos términos que ofrecen una similitud en ambos aspectos, «homófonos» aquellos otros que comparten sólo una analogía entre sus significantes y, por fin, «homólogos» los que presentan un parecido simplemente semántico (1950: 220).

En otro orden de cosas, se pronuncia con respecto a qué clases léxicas son más susceptibles de préstamo y constata que las unidades pertenecientes a las clases «abiertas» (sustantivos, verbos y adjetivos) se importan con mayor facilidad que las incluidas en las clases «cerradas» (pronombres, conjunciones y preposiciones), y que los sustantivos son el género de lexías que se toma en préstamo con una frecuencia más elevada en todas las lenguas (1950: 317).

La taxonomía de Haugen, cuya importancia radica sobre todo en haber puesto el acento en la desviación del vocablo prestado con respecto al original, fue desarrollada unos pocos años más tarde por Weinreich (1953). La obra de este lingüista germano-americano, como ya hemos comentado en el capítulo anterior, representa un punto de inflexión en el estudio del contacto de lenguas, especialmente por su novedoso enfoque del concepto de interferencia lingüística, ya esbozado por su antecesor. Para Weinreich, la interferencia es a la vez un proceso y su resultado, y no constituye una «mere addition to an inventory», sino que implica «the rearrangement of patterns that result from the introduction of foreign elements into the more highly structured domains of language» (1953:1). Además, propone, desde una perspectiva estructuralista, una clasificación de las interferencias según los niveles del sistema lingüístico afectado, es decir, el fónico, el gramatical y el léxico. Así como ninguno de los estudiosos que lo precedieron había puesto en duda el hecho de que cualquier elemento significante de una lengua podía ser transferido a otra, un buen número de expertos —entre los que se encuentran Meillet ([1926] 1982a: 85) o Sapir ([1921] 1991: 231)— sí había cuestionado la posibilidad de que pudiera haber transferencia de categorías gramaticales. Sin embargo, Weinreich alega múltiples ejemplos que atestiguan lo contrario y que demuestran la existencia de préstamos sintácticos y morfológicos —como son, entre otros, los casos que cita Silva-Corvalán (1989: 172) de morfemas derivacionales del tipo del francés -*thèque*, con el significado de 'lugar donde se acude porque en él se encuentra un gran número o variedad de un producto', o del genitivo inglés '*s* en los nombres de establecimientos comerciales–. A partir de sus constataciones, un buen número de autores compartirá la opinión de que todos los elementos lingüísticos se prestan a ser transferidos.

Para acabar con este breve repaso de las aportaciones de Weinreich, no podemos dejar de señalar su defensa de un enfoque interdisciplinar, un *twin approach* (1953: 112), del contacto de lenguas y, en especial, de la interferencia lingüística, cuyo estudio no concibe si no es combinando los aspectos lingüísticos con los de índole sociocultural:

> A full account of interference in a language-contact situation, including the diffusion, persistence, and evanescence of a particular interference phenomenon, is possible only if the extra-linguistic factors are considered (1953:3).

Esta preocupación por los factores sociológicos convierte a este lingüista, considerado como el padre de los estudios sobre la interferencia lingüística, en uno de los precursores de la sociolingüística moderna (Payrató 1985: 48). Lo que fue una novedad en su momento es incuestionable hoy en día, ya que nadie pone en duda la necesidad de estudiar el fenómeno de las lenguas en contacto y de sus consecuencias lingüísticas dentro de un marco psicológico y sociocultural.

5.2. Principales clasificaciones en el ámbito europeo

A partir de los trabajos de estos dos especialistas americanos, se multiplican las investigaciones en distintas direcciones: se desarrolla la perspectiva sociolingüística, se constituye la lingüística contrastiva y se emprenden estudios de naturaleza psicolingüística, así como en el campo de la enseñanza de lenguas. En el ámbito estrictamente lingüístico, que es al que nos circunscribimos, los autores europeos que más han profundizado en el tema son Deroy (1956), Rey-Debove (1973 y 1980) y Humbley (1974).

Louis Deroy, pionero en esta área geográfica, se centra en el préstamo léxico que considera «le plus fréquent, le plus apparent, le plus largement connu» (1956: 21), si bien admite que otros niveles lingüísticos están igualmente expuestos a ser exportados a otras lenguas (1956: 4 y 21). Por otra parte, distingue dos grandes categorías de préstamo según el grado de penetración, lo que quedará reflejado en las correspondientes variaciones conforme a su asimilación a los hábitos articulatorios y gráficos de la lengua receptora. Estas clases se dividen, a su vez, en los tipos que siguen:

1. *Préstamo total* o *bruto*, que corresponde al *préstamo léxico* y que puede presentar diversos matices de extensión:
   1.1. *Peregrinismo* o *xenismo*: vocablo percibido como extranjero y, en cierto modo, citado. Constituye la forma mínima de préstamo.
   1.2. Préstamo propiamente dicho: palabra totalmente naturalizada.
2. Préstamo parcial, que se puede materializar en:
   2.1. *Calco* o *préstamo por traducción*: creación de un equivalente indígena sobre la base de una correspondencia léxica anterior. Presupone un bilingüismo más o menos perfecto y puede afectar tanto a unidades léxicas como a expresiones más o menos largas.
   2.2. *Préstamo de significado* o *préstamo semántico*: se distingue del anterior porque no conlleva la creación de una nueva forma, lo que provoca que el hablante desprevenido piense que se trata tan sólo de una evolución semántica regular. Es la influencia menos perceptible que una lengua ejerce sobre otra (1956: 213-233).

Deroy concluye su propuesta taxonómica afirmando que el préstamo puede considerarse completamente incorporado cuando se presta a la derivación y a la composición, lo que constituye su último grado:

> Quand un mot étranger présente, dans la langue emprunteuse, de telles marques de vitalité et de productivité, il n'est évidemment plus l'hôte ou le voyageur que l'on reçoit par occasion: il est un membre définitivement adopté de la famille (1956: 234).

La lexicóloga francesa Josette Rey-Debove, en un trabajo publicado en 1973, describe en el plano teórico el mecanismo semiótico a través del cual el discurso digiere progresivamente un cuerpo extraño hasta codificarlo en la lengua, proceso que culmina cuando una palabra perteneciente a la lengua prestataria deja de ser desconocida y cobra el estatuto de voz autóctona. A continuación, situándose ya en el plano práctico, sostiene que aquí se trata de determinar los criterios que permitan afirmar que un vocablo extranjero utilizado en un texto es un préstamo. Define el fenómeno de forma restrictiva, ya que se cierne voluntariamente al préstamo léxico, dejando de lado el préstamo semántico, el calco lingüístico y las estructuras sintácticas:

> On appelle emprunt lexical au sens strict le processus par lequel une langue L1 dont le lexique est fini et déterminé dans

l'instant T acquiert un mot M2 (expression et contenu) qu'elle n'avait pas, et qui appartient au lexique d'une langue L2 (également fixe et déterminé dans l'instant T) (1973: 109).

En este sentido, no hay que olvidar que la estadística demuestra que, al igual que ocurre en la neología, el préstamo se refiere a palabras léxicas y rara vez a palabras gramaticales y que, dentro de las unidades léxicas, otra ley estadística evidencia que el préstamo es esencialmente nominal.

En un estudio posterior, dedicado especialmente a los anglicismos (1980: IX-X), Rey-Debove presenta una posible clasificación del préstamo fundada en sus aspectos lingüísticos:

1. *Préstamos formales*. Puede ocurrir que el significado de una palabra prestada sea desconocido o mal conocido y que el préstamo verdadero se limite a una serie material de letras y de sonidos. A estos préstamos puramente formales los llama «falsos anglicismos» o «pseudoanglicismos».

2. *Préstamos semánticos*. Inversamente, cuando se toma una palabra inglesa que tiene una lexía gemela en francés, se le está dando una significación extranjera a un vocablo autóctono ya existente, de tal modo que el verdadero préstamo se limita al significado. Estos préstamos ocultos se denominan préstamos semánticos.

3. *Calcos*. Es el tipo de préstamo más sutil y consiste en la traducción literal de una expresión de tal forma que la lengua meta no sólo designa el mismo referente, sino que también conserva el mismo sentido. En esta traslación se puede utilizar una sola unidad, si es que existe, acudir a una perífrasis o, también, reproducir el compuesto original, manteniendo o no el orden primitivo de las palabras.

Siguiendo de cerca los planteamientos de Deroy, Rey-Debove se sirve de manera más explícita de la noción de «productividad» para aludir a aquellos préstamos, no forzosamente asimilados desde el punto de vista ortográfico, que se han convertido ya en palabras autóctonas al haber tomado otros significados específicamente franceses y haber producido derivados según las reglas de este idioma. Esta productividad es, para la lingüista francesa, lo mismo que para Deroy, el signo de una adopción completa (1980: VIII).

Otro de los representantes de la tradición europea es el romanista inglés John Humbley para quien el préstamo supone el paso de cualquier elemento (de expresión, de contenido o de ambos tipos) de una lengua a otra, de lo que se desprende que puede producirse en todos los niveles de la lengua, esto es, el fonético, el gráfico, el semántico y el sintáctico (1974: 52-56). De todos modos, de la misma forma que Deroy, Weinreich o Rey-Debove, piensa que el léxico constituye la fuente más importante de importación, pues los préstamos de unidades menores han de pasar necesariamente por el léxico (1974: 48). A semejanza de Haugen, analiza el proceso de incorporación de un elemento a un idioma distinto del que procede con relación a las modificaciones que se producen tanto en la lengua fuente como en la lengua meta. Así, la unidad prestada se comparará con su estado primitivo (el «modelo», según la terminología de Haugen) en su idioma de origen y, posteriormente, se determinará hasta qué punto ha sido asimilada por el idioma receptor, lo que conduce a la ya conocida dicotomía «xenismo/ préstamo» que, según critica este autor, se suele basar en referencias extralingüísticas. De esta manera, el «xenismo» definiría un objeto o una realidad que no existe en el contexto de la lengua adoptiva, mientras que el «préstamo» sería una voz extranjera que alude a un referente conocido en el ámbito de aquella (1974: 65). Pese a que considera que ese criterio puede resultar útil para valorar el grado de integración de conceptos foráneos, es de la opinión de que la integración lingüística se efectúa en otros niveles.

En cuanto a la clasificación atendiendo al proceso del préstamo, Humbley establece una diferencia entre el *préstamo léxico* (que implica la adquisición de una expresión y de un contenido) y lo que él denomina «modificaciones», dentro de las que se encuentran tanto el *préstamo semántico* como el *calco* y los *híbridos*. En suma, podemos afirmar que el lingüista británico adopta básicamente la clasificación de Haugen, distinguiendo los *préstamos directos* o *patentes* (el significante no se ve afectado o sufre adaptaciones menores, a veces sólo fonéticas) de los *préstamos indirectos* (el significante alógeno desaparece para dar lugar a los préstamos semánticos y a los calcos); entre ambos polos sitúa a los *híbridos*, que se caracterizan principalmente por ser objeto de diversas adaptaciones al sistema morfológico de la lengua receptora.

5.3. Modelos de categorización: el caso de los anglicismos

Ciñéndonos ya a clasificaciones tipológicas más recientes, destacaremos algunas monografías dedicadas a los anglicismos, campo en el que abundan las propuestas categorizadoras a diferencia del ámbito de las lenguas románicas, en el que, como afirma Kiesler (1993: 505), la tipificación de los préstamos está poco estudiada y desarrollada. De esta forma, nos detendremos en los análisis de los anglicismos hispánicos llevados a cabo por Pratt (1980) y por Lorenzo (1989), así como en el trabajo sobre los anglicismos del francés que nos propone Pergnier (1989).

El hispanista inglés Chris Pratt (1980: 115-212) nos presenta una taxonomía y un análisis descriptivo de la influencia del inglés en el español peninsular actual que arranca con la siguiente propuesta de definición del anglicismo: «elemento lingüístico, o grupo de los mismos, que se emplea en el castellano peninsular contemporáneo y que tiene como étimo inmediato un modelo inglés». Si bien expone una tipología completa, la mayor parte de su estudio está dedicado al anglicismo léxico, categoría que comprende asimismo el préstamo semántico:

I. Anglicismo léxico.
   A. Anglicismo univerbal:
     1. *Anglicismo patente*: toda forma identificable como inglesa, bien sin alteración ninguna, bien adaptada, parcial o totalmente, a las pautas ortográficas del español contemporáneo.
     2. *Anglicismo no patente*: todo aquel anglicismo que se reconoce como forma española.
     2.1. *Anglicismo semántico paronímico*: corresponde, según Gómez Capuz (1991a: 86), a lo que Haugen (1950) y Humbley (1974) denominan «análogos».
     2.2. *Calco semántico*: traducción de un término inglés sin que haya relación etimológica directa entre la voz inglesa y su versión española. Equivale al «homólogo» de Haugen y Humbley.
     2.3. *Vocabulario neológico*: formas lingüísticas neológicas o ausentes en los diccionarios fidedignos y que pueden ser tanto absolutas (compuestos) como derivadas.
   B. Anglicismo multiverbal: es siempre no patente e implica un calco.
II. Anglicismo sintáctico.

Otro autor relevante en el análisis de los anglicismos del español es el académico Emilio Lorenzo, del que destacamos aquí el trabajo que publicó en 1989. Plantea una categorización de la que hemos omitido algunos bloques (los correspondientes a «anglicismos de origen extraeuropeo», «anglicismos de origen clásico», «siglas correspondientes a la sintaxis inglesa», «anglicismos tomados de otros países europeos» y «anglicismos de medida»), ya que pensamos que no pertenecen al mismo orden que los restantes apartados que detallamos a continuación o que, incluso, podrían considerarse englobados en ellos:

1. *Anglicismos crudos*: aquellas palabras o expresiones que mantienen en español tanto la grafía primitiva como un reflejo de la pronunciación originaria. Según el autor, representan un peligro para la integridad de la lengua pues, bien afectan al equilibrio del vocabulario cuando su significado está ya representado en español, restringiéndolo o desplazando la

palabra o signo que lo representa, bien desfiguran la estructura fonológica del castellano al imponer nuevos fonemas o una distribución insólita a los ya existentes.

2. *Anglicismos en período de aclimatación*: en estos, unas veces la grafía y otras la pronunciación se han ido adaptando a las condiciones del español.

3. *Anglicismos totalmente asimilados*: son aquellos anglicismos que, a pesar de que el influjo de la lengua inglesa es, en la mayoría de los supuestos, relativamente reciente, han tomado carta de naturaleza en el español desde hace siglos, bien directamente, bien sirviéndose del francés como intermediario.

4. *Calcos*: adaptaciones al español de signos (palabras o giros) correspondientes a conceptos no reconocidos o desconocidos por el adaptador, que por composición, derivación o construcción sintáctica trata de representarlos con los medios o instrumentos propios del español.

5. *Calcos semánticos*: a esta categoría pertenecen voces españolas que por su semejanza formal con otras inglesas reciben de este idioma acepciones que originariamente no poseían.

Presentamos, por último, la propuesta del lingüista y semiólogo Maurice Pergnier (1989: 29-109), estudioso del fenómeno anglicista en francés. Su tipificación está basada en criterios propios del funcionamiento interno del sistema lingüístico, entendiendo por «interno» lo que se refiere a los distintos niveles de la estructura de los signos afectados por la interferencia. Desde esta perspectiva, cualquier interferencia, al igual que su resultado, tiene que ver, en distintos grados, con la relación significante/ significado, por lo que la tipología que defiende ordena los anglicismos en una escala que va desde el constituyente más «externo» del signo y, a la vez, el más tangible (el significante), hasta el más «interno» (el significado). A su modo de ver, esta categorización ofrece dos méritos esenciales: seguir un orden basado en la naturaleza del material lingüístico afectado por el contacto y corresponder al nivel de conciencia que tienen los hablantes de las diversas formas de interferencia. Esta es la clasificación que plantea:

1. *Préstamos*: suelen ser los únicos hechos de interferencia denominados «anglicismos» por los no especialistas. Su carácter fácilmente identificable se debe a que su introducción supone, ante todo, una forma fónica y gráfica desconocida, un nuevo significante para la conciencia del hablante. Ello no es óbice, sin embargo, para que el objeto del préstamo consista en el concepto que se importa conformado en una particular secuencia de letras y de sonidos.

2. *Falsos amigos* o *parónimos*: no introducen un significante nuevo en la lengua, por lo que pasan desapercibidos para la mayoría de los hablantes, mucho más receptivos a la forma que al contenido. Esta clase de interferencia consiste en atribuir un significado inglés a una palabra que, por su significante, tiene la apariencia de una voz francesa, desestabilizando, de este modo, el léxico francés. Para el autor, este fenómeno se explica debido a la existencia de un gran número de voces con una grafía idéntica o muy similar en francés y en inglés, por lo que constituye una categoría de anglicismos que prácticamente no existe en otros idiomas. A su parecer, esos falsos amigos son el origen de no pocas impropiedades semánticas.

3. *Calcos y anglicismos paralingüísticos*:
   3.1. *Calcos*: no afectan al significante de los signos, limitando su influencia a las estructuras subyacentes del significado. De ahí que sean las interferencias menos visibles, a la vez que las más insidiosas. Pueden concernir tanto a la gramática como al léxico y, en ambos casos, consisten en transferir a una lengua los caracteres propios de la relación significante/significado de otra, sin importar ningún significante ni reducir los significados por la similitud de los significantes.
      3.1.1. *Calco gramatical*: el modelo de una frase inglesa se transfiere tal cual a la lengua receptora, preservando la naturaleza «francesa» de los componentes y ofreciendo una apariencia de sequencia correctamente constituida.
      3.1.2. *Calco léxico*: calco propiamente dicho.
   3.2. *Anglicismos paralingüísticos*: son hechos que no se refieren realmente a los signos en sí mismos, sino que son, más bien, procedimientos de escritura que sustituyen, con mayor o menor fortuna, ideografías francesas por inglesas. Bajo esta etiqueta, Pergnier engloba tanto las iniciales como las abreviaturas o las ideografías de índole aritmética.

5.4. Otras propuestas taxonómicas

No quisiéramos terminar este recorrido por las principales tipologías sin detenernos en otras propuestas más específicas. Cabe destacar, en este sentido, el ya mencionado trabajo de García Yebra sobre los galicismos prosódicos y morfológicos del español, en el que aborda dos vertientes del fenómeno del préstamo lingüístico raramente examinadas, como son el préstamo prosódico y el préstamo morfológico. Se trata de dos tipos de interferencia muy difíciles de detectar y que el autor estudia en el ámbito específico de la influencia del francés en el castellano. Suelen ser voces, de étimo remoto griego o latino, que presentan anomalías en su evolución debidas, según este lingüista, a su importación indirecta a través del francés. Así, los «galicismos prosódicos» son aquellas palabras que presentan una acentuación distinta a la que habrían tenido de forma natural si hubieran sido trasvasadas directamente, a causa del influjo de la voz francesa correspondiente, que se erige, de esta forma, como su étimo inmediato. Por lo que concierne a los «galicismos morfológicos», son vocablos cuya estructura morfológica no ha seguido la tendencia general que etimológicamente le correspondía como consecuencia, igualmente, de la intervención de la influencia de la lengua francesa.

Al revisar otros acercamientos a las clases de interferencia, nos hemos percatado de que un buen número de ellos concede una especial atención, cuando no se circunscribe a ello, al examen de dos categorías concretas de interferencia, el calco léxico y el préstamo semántico, que poseen condiciones y mecanismos propios. De ahí que nos parezca de interés reseñar algunas de estas contribuciones que, como hemos venido haciendo hasta el momento, presentamos por orden cronológico.

La primera de ellas es la de Sandfeld quien, ya en 1912 (167-172), divide los calcos lingüísticos en tres categorías, bautizando solamente a la primera de ellas:

1. *Calco semántico:* el significado de la palabra se amplía siguiendo las significaciones de la palabra correspondiente en otra lengua.

2. [*Calco propiamente dicho*]: la traducción sirve para la formación de palabras nuevas. Este apartado incluye tanto palabras compuestas como derivadas.

3. [*Calco fraseológico*]: se traducen giros y locuciones.

Por otra parte, en la década de los setenta, el lexicólogo británico Thomas E. Hope dedica uno de los capítulos de su extensa monografía *Lexical Borrowing in the Romance Languages*, que titula «The Semantic Aspect», a ese importante aspecto de la interferencia léxica que, como bien dice, «is not observable in purely phonetic terms, since it is confined to adjustments in the semantic application of words already current in the borrowing language», y que se suele englobar bajo la denominación genérica de *semantics loans* (1971: 637). Su objetivo no consiste en discutir los métodos de análisis existentes, sino en aplicar el enfoque que le parece más conveniente a su corpus, para lo que se sirve, esencialmente, del esquema de Haugen, que retoca ligeramente para adecuarlo a las especificidades de las dos lenguas que él estudia, esto es, el francés y el italiano.

En estos mismos años, el lingüista italiano Roberto Gusmani propone su propia definición del calco:

> Si tratta, rispetto al prestito, di una copia meno fedele, di un processo mimetico in un certo senso più raffinato, senza che per questo si possa parlare di una reale differenza di natura tra i due processi (1974: 23).

Y prosigue distinguiendo el *calco estructural* –«quando nella replica si riproduce tanto la motivazione formale quanto quella semantica dell'archetipo»– del *calco semántico* –«se invece a venir riprodotta è soltanto la motivazione semantica»– (1974: 28). En un estudio posterior, insiste en que, así como al tratar del calco semántico no hay ningún género de duda de que estamos de lleno en el campo de la semántica, no debemos olvidar que también el calco estructural supone una interferencia que incide de manera especialmente evidente en la estructuración del significado de la lengua meta (1986: 188-89).

Más recientemente, Vallejo Arróniz (1986c), que centra su análisis en el préstamo semántico, empieza recordando que en la tipología de Haugen tanto este tipo de préstamo como el calco son considerados fenómenos de sustitución morfémica sin importación. Ante ello, cree que es conveniente diferenciar una categoría de la otra, por lo que, siguiendo a Deroy (1956: 216) y a Humbley (1974: 62), ofrece la distinción que transcribimos: «el calco es la reproducción de una estructura léxica extranjera con elementos de la L1, que tienen un sentido diferente del de la suma de los elementos que la componen y que, en principio, corresponde al modelo, mientras que el préstamo semántico no produce una lexía diferente» (1986c: 266-67).

A su vez, Nicolas (1994), partiendo de las taxonomías de Haugen y de Humbley, a las que añade la de Hope (1960) y la de Gusmani (1974), termina proponiendo su propio concepto del calco semántico:

> Le CS est donc le procédé par lequel un locuteur transpose sur un signe de la langue A une relation sens-forme jusque là inédite, en se fondant sur l'existence de cette même relation à l'intérieur d'un signe de la langue B (1994: 75).

Por último, el anglicista español Rodríguez González (2002b) nos describe en su trabajo las variaciones que en la morfología y en la fonología presentan los anglicismos del español actual, al tiempo que plantea una tipología del calco lingüístico. Recuerda que tanto el calco como el anglicismo semántico se subsumen bajo la rúbrica acuñada por Pratt de «anglicismo no patente», que agrupa en dos patrones básicos:

1. *Anglicismo semántico paronímico* o *calco semántico*, que implica la extensión del significado de una palabra nativa que se apropia de un significado extranjero por influencia de otra con cuyo significante («parónimo») guarda una especial semejanza morfológica.

2. *Calco* o *traducción*, que se produce cuando no existe una afinidad morfológica entre la voz autóctona y la foránea. Esta categoría se subdivide, a su vez, en:
    a. *Calco total, literal* o *perfecto* (ingl. *loan translation*; al. *Lehnübersetzun)*, que se obtiene por traducción directa.
    b. *Calco libre, aproximado* o *imperfecto* (ingl. *loan rendition* o *rendering*; al. *Lehnübertragung*), que consiste en la traducción de sólo una parte, de forma que proporciona un equivalente más libre para el resto de los elementos.

Para este autor, frente a la importación de un «anglicismo crudo» o la asignación de un significado nuevo a una palabra ya existente («anglicismo semántico»), el calco es el ejemplo más claro de sustitución morfemática.

5.5. Nuestra propuesta de modelo

Nuestra rápida andadura por las corrientes y enfoques que consideramos insoslayables en este ámbito de estudio nos ha llevado a constatar dos cuestiones fundamentales. Primeramente, nos hemos dado cuenta de que las tipologías más actuales siguen reconociendo como criterio básico para clasificar el préstamo su relación con el sistema de la lengua receptora que es, en definitiva, el que se está estudiando. En segundo lugar, es manifiesto que la influencia de Haugen y de Weinreich ha sido perdurable y que su esquema tripartito se ha perpetuado en la mayoría de investigaciones hasta nuestros días.

Consecuentemente, nuestro estudio no puede ignorar uno de los fundamentos que sustenta las principales aportaciones que hemos reseñado, cual es tener siempre como referencia la lengua de acogida, en este caso el castellano. Por ello, y teniendo en cuenta que nuestro interés prioritario ha sido la elaboración y el análisis de un corpus lo más exhaustivo posible de los galicismos (elementos de origen francés inmediato) que han entrado a formar parte del español europeo del último siglo, hemos tratado de interpretar de la forma más adecuada la información contenida en este inventario. De esta manera, tomando en consideración la naturaleza de los materiales recopilados, hemos optado por recurrir a una clasificación general no pormenorizada constituida por los cuatro grandes bloques que son la base, de una u otra forma, de los principales estudios que hemos consultado.

De ahí que las unidades que componen nuestro corpus aparezcan clasificadas atendiendo a los siguientes criterios o tipos:

    I. *Préstamo léxico*: elemento léxico completo (significante y significado) que una lengua toma de otra, bien adoptándolo en su forma primitiva, bien transformándolo en algún grado.

II. *Calco*: traducción literal de una palabra o expresión de otra lengua.

III. *Préstamo semántico*: nueva acepción que una lengua toma de otra para incorporarla a una palabra ya existente. El hecho de haber acotado el inventario al siglo XX nos ha llevado a considerar galicismos semánticos aquellas unidades que, si bien ya existían en el español en calidad de galicismos léxicos, han adquirido durante el período contemplado un nuevo significado de origen francés.

IV. *Préstamo gramatical*: utilización de una estructura gramatical (desconocida o usada restringidamente en la lengua de acogida) propia de una lengua extranjera.

En la relación de cada una de las categorías que aparece a continuación, hemos registrado las unidades –de las que se incluyen todas sus variantes gráficas– en letra redonda negrita cuando su forma está ya adaptada al castellano y cuando su escritura o pronunciación se ajustan mínimamente a los usos de esta lengua. Por el contrario, figuran en letra cursiva cuando su pronunciación u ortografía no se adaptan a las reglas generales del español.

I. Relación de préstamos léxicos

abatida
abocatero
abracadabrante
absenta
acolada
admitancia
adosar
aedo
aerobús
aeroplano
aerosol
aerostero
afeccionado, da
affaire, afer
afiche, *affiche*
agalaxia
agrafe, ágrafe
agremán
águila
aigrette
à la page, a la page
alerón
alevín
alexia
alezo
aliaje
aliar
alibí, alibi, álibi
altisa
altruismo
alucinógeno, na
alumaje
amandina
amateur
amerizaje
amical
amour fou
anafilaxia
anarco
ancestral

ancien régime
anfetamina
angevino, na
anglófono, na
anión
anonimato
anorak
antibiótico, ca
anticiclón
antígeno
antisepsia
antónimo, ma
antropopiteco
aparellaje
apartamento
aplasia
aplique
après-ski, *après ski*, après-esqui, apresquí
après soleil
aprovisionar
aquaplaning
arabesque
argot
armañac, *armagnac*
arribista
arrière-pensée
art (-)déco
art nouveau
asepsia
áspic, aspic
asticot
astracán
atelier
aterraje
aterrizaje
attaché, ataché
au-dessus de la mêlée
au pair
autobús

53

autocar
autoestop, autostop, *auto-stop*
avalancha
avant(-)garde
avant la lettre, *avant-la-lettre*
avariosis
avatar
aviación
avión
axial
azúcar *glacé*, glasé, glas
azúcar pilé
babá
babuino
bacará, bacarrá, *baccara, baccara*
baccarat
badinerie
baguette
baignoire
ballet
balotada
banal
banalidad
bandeau, bandó
banquisa, *banquise*
baquet
barbotina, *barbotine*
baremo
baron
barrage, barraje
barroco, ca
basset
batimán
bavarois, bavaroise
beaujolais
beauté
bebé
becacina, becasina
bedano
beige, beis
belle époque
benedictine

berceuse
besamel, besamela, bechamel, bechamela
bibelot
bical, becal
bicameral
bidón
bidonville
bies
bigudí
biscote, *biscotte*
biscuit
bisoñé
bisque
bistró, bistro, *bistrot*
bisutería
bita
blasé
bleu
blinis
bloc
blocar
blouson noir
bobina
bocarte
boche
bogí, bogi, *bogie*
boiserie
boîte
bolchevique
bombona
bondage
bonhomía
bon vivant
boudoir
bourrée
boutade
boutique
bracamarte
brandada, *brandade*
brasca
brasear

brasserie
bric-à-brac, bric-a-brac
bricolaje, *bricolage*
bricolar
brie
brillanté
brioche
briocherie
briqueta
brocanteur
broche
brodequín
brut
brut nature
bucanero
bufé, bufet, bufete, *buffet*
bugle
bulevar, bulevard, *boulevard*
bullabesa, *bouillabaisse*
buqué, buquet, *bouquet*
bureta
busa
bustier
cabaré, cabaret
cabás
cabina
caché, *cachet*
cada
café exprés, *express*
calambur, *calembour*
calandra
calarse
calicó
caligrama
calistenia
calvados
cambrillón
camembert, camambert
camioneta
camuflaje, *camouflage*
camuflar
canalé

canard
cancán
caniche
canope
canotié, *canotier*
capitoné, *capitonné*
capó, *capot*
capotar
cardán
carenaje
carillón, carrillón
cariseto
carleta
carmañola
carné, *carnet*
carola
carramplón
carré
carric, *carrick*
carrusel, *carrousel*
cartoné
casaba, casba, *casbah*
cascador, ra, *cascadeur*
casete, *cassette*, *casette*, caset
catalepsia
cataplexia, cataplejía
cauchotina
causeur
celibatario, ria
celofán, celofana
cenestesia
cestodo
chaconada
chagrén, chagrín
chaise(-)longue, cheslón
chalazión
chalé, *chalet*
champán, champaña, *champagne*
champiñón, *champignon*
champlevé
chance
chancro

chándal, chandal
chantaje, *chantage*
chantillí, chantilly
chaqué, chaquet
charabán
charcutería
chardonnay
charmant
charme
charrete
charrúa
chartreuse
chasis
chateaubriand, chateaubriant,
   chatobrián
chaud-froid
chef
cheik
chemin de fer
chic
chicana
chicler, chicle, *gicleur*
chiffon
chiffonnier, chifonier, sifonier,
   sinfonier
chiita
chiné
chinoiserie
chófer, chofer
choucroute, *choucrut*, chucrut,
   chucruta
chovinismo, chauvinismo
ciclismo
ciclomotor
ciclotrón
cigala
cineasta
cinemascope
cine-verité, *cinéma-verité*
cinglar
cintra
claque, cla, clac, claca

claqué
clavecín
cliché
clique
clochard
cloche
cloisonné
clou
coaligarse
cocotte[1]
cocotte[2]
coequipier
colesterina
colesterol
collage, colage, colaje
colmatar
comís, comis
comité
comme il faut
complotar
compón
compostage, compostaje
comptoir
concretizar
confit
confort
connaisseur
consomé, *consommé*
constatación
constatar
constelado, da
constelar
contable
control
controlar
coñac, coñá, *cognac*
coqueluche
cormiera
cormorán
corselete
coserí
costilleta

cotardía
couchette
coulis
coupage
courante
crampón
craquelado
crayón
crecal
crème de la crème (*la*)
cremona
crepar
crepe, crep, *crêpe*, crepé
crepé, crep, *crêpe*, crepe
crinolina
croché, *crochet*
croissantería, *croissanterie*, cruasantería
crómlech, crónlech, *cromlech*
cruasán, *croissant*
crupier, crupié, *croupier*
cuadranura
cubismo
cuché, *couché*
cul(-)de(-)sac
culotar
culote
culotte
culotte de cheval
culturismo
cuplé, *couplet*, cuplet
cuscús, kuskús, *couscous*
dadá, *dada*
dadaísmo
dame coiffée
data
debacle, *débâcle*
debatirse
debut, debú, *début*
debutar
décalage, decalaje
deceleración

decelerar
decoloración
defenestrar
deflación
deforestación
dégradé
délavé
deltaico, ca
demarraje, *démarrage*
demarrar
demi-mondaine
demi-monde
demodé, *démodé*
denier
dernier cri
derrapaje
derrapar
derrière
desclasado, da, *déclassé*
desclasar
desdramatizar
desmentido
despistaje, depistaje
desplazar
detasa
détente, detente
devaluar
devenir^2
diacronía
diastasa
diglosia
dioptría
diplomado, da
dirigismo
discothèque, discoteque
disfasia
divette
divisionismo
dossier, dosier
doublé, dublé
dragaje
drapear

drenar
dulleta
duvet
ecdótico, ca
echarpe, *écharpe*
eclisa
eclosión
écuyère, ecuyere
efracción
élan
electrocutar
electrón
élite, elite, *élite*
embalar
emmental, *emmenthal*, emental
enclave
enfant terrible
engagé, gée
engagement
enragé, gée
enrolar
entente
entente cordiale, entente cordial
entourage
entrecot, entrecó, entrecote, *entrecôte*
entrefilete
entrenamiento
entrenar
entretenida
épagneul
epatante, *épatant*
epatar, *épater*
escafandra
escalope
esmoquin, *smoking*
esprit
esprit fort
esquí, *ski*
esthéticienne, esteticienne, estheticien
estilete
estor, *store*

estratega, estratego
etalaje
etamina, etamín, *étamine*
evasé, *évasé*
exilado, da
exilar
exprés
extradós
fabliau
façonné
faisandé, dée
fané
fantoche
fatigante
fauve
faya
fayenza, faienza
feérico, ca
ferrallista
fiacre
fibrana, *fibranne*
fichú, *fichu*
fil à fil
filatura
filtiré
financiar
flambear
flamboyán, *flamboyant*, flamboyante, framboyán
flamboyant
flanear
fletán
flou, flu
foie
foie(-)gras, fuagrás
folletón
foncé
fondant
fond de teint
fondue
foniatra, foníatra
footing

forfait[1]
forfait[2]
formato
fourreau
fovismo, fauvismo
foyer
francofonía
francófono, na
franglais
frappé
frete
frita
frivolité
fromagerie
frottage
frufrú, fru-frú
frustro, tra
fudre, *foudre*
fular, *foulard*
fulmicotón
fumé, *fumet*
fumista
furgoneta
fuseau
fuselaje, *fuselage*
gaffe
gagá, *gaga*
galalita
galantina
galipote
garaje, *garage*
garçon, garçonne, garsón
garçonnière
gargantúa
gauche divine
georgette
geriatra
gigoló, *gigolo*
giroflé
girola
glaciación
glaciar

glicina
glucemia
glucógeno
glucómetro
glucósido
gobelete
godet
gofrar
gofre, goffre
go(-)gó
gonflé
gotelé
gourde
gourmand
gourmet, gurmet, gurmé
gradén
grand prix, gran prix
grandeur
grand guignol
gratín, gratén, *gratin*
gratinar
gres
grimorio
grimpeur
griot
gripaje, *grippage*
gripar
grisú
grupúsculo
gruyer, *gruyère*, gruyere
guache, *gouache*
guata
guepardo
guiñol, *guignol*
guipur, *guipure*
habitué
hangar
hematíe
henné
heraute
herborista
herboristería

hermafrodismo
heroína
heterodino
hidrácida, hidracida
hindú
hiperestesia
impasse, impás
impedancia
impresionista
impromptu
inapercibido, a
indesmallable
inductancia
informática
interfono
invar
inviable
irreductible
isba
isonefa
isoyeta
isoyeto, ta
jacquard, jaquar
jumelage
kedive, *khedive*
kermés, *kermesse,* quermés, quermese, quermesse
ladrería
laissez-faire
lamantino, lamantín
lambeo
lambrusca
lamé
lampista
lampistería
langor
la nuit
lansquenete
lavanda
lentilla
leontina
leotardo

liaison
liana
liftar
limusina, limusín, *limousine*
lingotera
luge
lulú
lupa
luthier, lutier
lycra, licra
macabro, bra
macedonia
macla
macramé
macró, *maquereau*
madama, *madame*, madam
mademoiselle
magdaleniense
maillechort
maillot, mallot
maître, maître d'hôtel
majorette
malgré lui
mamelón
mamut
manivela
mansarda
maqueta
maquillaje, *maquillage*
maquillar
maquis
maquisard
mariachi, mariachis
marioneta
marmosete
marrón
marron glacé, marrón glacé, marrón glasé
marroquinería
masacrar
masacre, *massacre*
masaje

mascota
masculillo
masivo, va
mástic
matiné, *matinée*
mayoritario, ria
medical
melé, melée, *mêlée*
ménage à trois
menchevique
mentón
menú
merleta
metraje
metralleta
meublé, meuble, mueblé
midinette
milieu
millardo
minarete
minoritario, ria
miosotis
miraje
mise
mise en plis, mis en plis
mise en scène
mistificar, mixtificar
mitómano, na
mobiliario
moderantismo
molasa
mollet
monocorde
monsieur
montgolfier, mongolfier
mordoré
morgue
motard
moto
motocicleta
moto(-)cross, motocros
mousse

mouton, mutón
naftaleno
naftalina
naíf, naif, *naïf*
nansouk, nansú
napa
narina
nature
nectarina
negligé, négligé, gée
negritud
nematodo
neoplasia
neotenia
neroli, nerolí
neurona
nonchalance
nouveau roman
nouvelle cuisine
nouvelle vague
obertura
office, ofis, ofis
ordenador
orfelinato
organdí
otomana
pachá
pachulí, pachuli
paillette, *paillet*
palé, palet, *palette*
paleal
palier
palisandro
pallete
palmarés
panaché
pandán, *pendant* (hacer)
panfleto
panne, pane
panneau
papillote, papillot
pâquerette

parachutista
paradoxal, paradojal
parapente
parfait
parisién
parisiena
parqué, *parquet*
partenaire
parterre
parti-pris
partisano, na
parvenu
pasarela
paspartú, *passe-partout*
passe-partout^2
pasteurizar, pasterizar
pastiche
paté, *pâté*
patisserie
patois, patuá
pavés, pavé
pelerina
pelouse
peluche
pendentif, pandantif, pendantif
percutor
perlé
perquisición
petanca
petifoque
petigrís, *petit-gris*
petisú, *petit chou*
petit comité
petit point
pie a tierra, *pied à terre*
pied-noir
pierrot
pilule
pimpante
ping-pong, pimpón
pingüino
piocha

piolet, piolé
pionero, ra
piquet
pirouette
piroxilina
pistard
pívot, pivot, pivote
pivotar
pivote
placaje, *placage*
placar
plaqueta
plaquette
plastrón
platabanda
plató, *plateau*
plisar
plongeon
plumier
poché
poilu
poise
poitrine
polisón
polissoir
pompier
pompón
popelina, popelín, *popeline*
popurrí, *pot(-)pourri*, popurri, popourrí, potpurrí
pórfiro
portier, *portière*
poscafé
pose
poseur
poule
pourparler
praliné
première
prêt(-)à(-)porter
pretencioso, sa, pretensioso, sa
primar

62

profiterol, *profiterole*
puf, *pouf*
pufo
pularda, *poularde*
puncheur
punzó
pusinesco, ca
quai
quiche
racleta
racor, rácor, *raccord*
radio(-)casete, *radio(-)cassette*
ragú, *ragoût*
ralentí, *ralenti*
rallye
rango
ranzón
rappel, rápel, rapel
rapport
rastacuero, rastacueros
ratatouille
rat(-)musqué
razia, *razzia*
reciclar
recordman
recordwoman
relé, *relais*
remarcable
remodelar
remontuar, *remontoir*
renard
rendez-vous
rendibú
rentrée
reportaje
reprise, reprís, reprisse
reps
restaurante, restorán, *restaurant*, restaurán
retardatario, ria
revancha
reveillón, revellón

rocambola
rococó
roquefort
rouchi
rouge
roulotte, rulot
routier
ruche
rúe, *rue*
rutero, ra
sabotaje
sachet
sacralizar
sadismo
safena
samovar
sanfasón, *sans-façon*
sans(-)culotte
sauté
savoir(-)faire
savoir(-)vivre
secreter, *secrétaire*
semántico, ca
serigrafía
sioux, siux
sirope
soirée, suaré
somier, *sommier*
sonería, *sonnerie*
soubrette
soufflé, souflé, suflé
souteneur
souvenir
speaker
stage
starlette
suite
surmenage, surmenaje
surplus
sutás, *soutache*
tachismo
tailleur

talón
tampón
tan
tapis roulant
taqué, *taquet*
tarlatana
tarot
tartaleta, tarteleta
tartufo
tatuaje
taxímetro
teleférico
teletipo
tenida
termita
terre à terre
terrier
terrina
tête(-)à(-)tête
tetina
tic
tiraje
toile
toilette
touche
touché
tour, tur
tournée, turné
trac
tranche
trefilar
tremble
tricot
tricotar
tricotosa
trompe-l'oeil
troupe
trousseau, trusó

trucaje
turnedó, *tournedos*, tournedó
tutú, *tutu*
utillaje, *outillage*
valet
varietés, *variétés*
vaurien
vedette, vedete
vegetariano, na
velcro
velódromo
velours
velouté
verdó
vergé
verglás, *verglas*
vernissage
vibrión
vichy
vichyssoise
violle
virelai
visagisme, visagismo
vis, vis a vis , *vis-à-vis*
visé
vitral
vodevil, *vaudeville*
voilà
voile
volován, *vol-au-vent*
voltijear
voyeur
voyeurismo, vouyerismo, voyerismo
vuela, vual
wagon-lit
yeyé, yé-yé
yogur, yogurt, *yoghourt*
yola

II. Relación de calcos

a la comodidad de
a nivel de
a ultranza
afectar
al detalle, al detall
amar 'ser aficionado a'
amar 'prosperar en'
apenas si
arribista
ayer noche
ayer tarde
bastante + adj. + para
bella edad
bello gesto
burdeos
buscar + inf.
café negro
cambiar de aire
cien por cien
clerigalla
cortometraje
de buena hora
de más en más
de todos modos
desapercibido, da
después de todo
doble sentido
el gran mundo
en breve
en defecto de
en detalle
espíritu fuerte
estar al abrigo
estar en
estar en forma
falso amigo
francotirador, ra
gente bien
golpe de
hablar en el aire

hacer (a alguien) el artículo
hacer el bello
hacer las delicias
hacer presión
hacerse un deber de
jugar un papel
lejos de
librar (batalla)
librepensamiento
milrayas, mil rayas
minimalismo
mitad + adj.
montacargas
por contra
porfolio, portfolio
purasangre, pura sangre
revista
salvaguardar
sedicente, sediciente
sensorial
sobre 'modo'
sobrepasar
superrealismo. suprarrealismo,
    sobrerrealismo
tener la bondad de + inf.
último grito
ultrapasar
variedades
venir de + inf.

III. Relación de préstamos semánticos

abordable
abstracción
acantonarse
accidentado, da
acordar
acusar
anormal
antiguo, gua
aparecer
aparente
aparentemente
apercibir
aprehender
aprés
avances
avanzado, da
avanzar
avisar
batir
bizarría
bizarro, rra
bonetería
bordura
brusco, ca
buró, *bureau*
burocracia
cabriolé, cabriolet
calculador, ra
cálculo
canapé
capitoso, sa
caserna
chapó, *chapeau*
compacto
comportar
concebir
concertación
concurrencia
concurrente
consumación
contentamiento
contestar
contraerse
contrariar
contrasentido
conveniencia
cotillón
creación
crema, *crème, creme*
cupé, *coupé*
debilidad
derecha
desopilante
desopilar
despistar
despreocupación
devenir[1]
discernir
embragar
enervar
ensemble
españoleta
espiritual
estudiado, da
explotar
falso, sa
fantasía
fiero, ra
formato
fresar
garantir
gentil
gofrado, da
griseta
homenaje
horizontal

hormiguear
hotel
insurreccional
isógona
logística
marcado, da
marcar
marchante, *marchand*
mobiliario
montura
observar
ocre
ondular
pancarta
pasable
pasablemente
peatón, na
pinta
piramidal
piramidalmente
plafón, *plafond*
platina
posar

preciosa
pretender
pretendido, da
procurar
pronunciado, da
remarcar
restauración
restaurador, ra
restaurar
resto
rol
roseta
ruta
señorial
siempre
sumiller, *sommelier*, somelier
tara
término
traza
tulipa
usura
viable
violeta

IV. Relación de préstamos gramaticales

Palabra	Categoría	Valor	Ejemplo
a	prep.	con (forma o dibujo)	*A cuadros*
a	prep.	con (medio)	*A lápiz*
a	prep.	con (ingrediente)	*Al estragón*
a	prep.	de (afección)	*Ataque al corazón*
a	prep.	de (modo)	*Calentador a gas*
a	prep.	por (+ *hacer*)	*A hacer*
a	prep.	por, para	*Papel a firmar*
aquel de	dem.	partitivo	*Aquellos de sus trabajadores*
bajo	prep.	desde	*Bajo mi punto de vista*
bajo	prep.	durante	*Bajo el reinado de Alfonso XII*
un cierto	adj.	determinado, algo de	*Un cierto malestar, una cierta pena*

6. La integración del galicismo en el castellano

6.1. Adaptación fonética
6.2. Adaptación gráfica
6.3. Adaptación morfosintáctica
6.4. Adaptación semántica

L'emprunt est un intrus. Il n'est pas reçu d'emblée dans la langue emprunteuse à l'égal des mots indigènes. Il s'insinue peu à peu, se travestit, se fait familier, laisse oublier son origine étrangère.

Louis Deroy, *L'emprunt linguistique.*

El mecanismo del préstamo consiste, como hemos ido viendo a lo largo de estas páginas, en la introducción de un elemento perteneciente a un sistema lingüístico específico en otro sistema que presenta una estructura diferente, lo que origina, en un primer momento y desde un punto de vista estrictamente lingüístico, una situación de rechazo (Guilbert 1975: 90), que se resuelve con la consiguiente aclimatación o integración en los distintos planos de la lengua que lo acoge. En este capítulo, basándonos en materiales de nuestro corpus, examinaremos los principales fenómenos que conlleva la naturalización de los galicismos, atendiendo en especial a su grado de penetración y a su nivel de adecuación a las pautas del castellano.

El lingüista italiano Gusmani (1986: 25), antes de intentar establecer una diferenciación entre los diversos grados de asimilación de los préstamos –asunto que, dicho sea de paso, considera un esfuerzo un tanto baldío–, estima conveniente efectuar unas precisiones terminológicas. De esta forma, distingue la verdadera integración, «l'influsso esercitato dalla lingua ricevente nello sforzo di adeguare il termine di tradizione straniera alle sue strutture fonematiche, morfologiche ecc.», de la simple aclimatación, que sólo atañe a la esfera léxica y puede no implicar ninguna alteración perceptible. De ahí se deriva que haya formas bien aclimatadas que no revelan ninguna integración sustancial en el plano formal y morfológico. Lógicamente, no podemos sino compartir esta opinión que, además, viene refrendada por un buen número de casos de nuestro repertorio, como son, entre otros muchos, las formas nominales *aigrette, amateur, boiserie, boîte, charme, cocotte, impasse, maître, milieu* o *naïf*; los participios de presente *[bon] vivant, [tapis] roulant*; los participios de pasado del tipo *dégradé, délavé, façonné, fané, frappé, gonflé* y *poché* o, también, los sintagmas *gauche divine, laissez-faire* y *savoir faire*. Estos extranjerismos suelen aparecer en los textos de la lengua receptora resaltados tipográficamente mediante alguna marca como la letra cursiva, el entrecomillado o el subrayado.

Volviendo al proceso de asimilación, tal como observa acertadamente Rey-Debove (1973: 109), es difícil precisar el alcance de lo que llamamos «codificación», aplicada a voces de procedencia extranjera, ya que estas sufren modificaciones más o menos profundas durante el espacio de tiempo que separa el momento de su primer empleo en un discurso hasta la fecha en que pueden considerarse suficientemente codificadas en el idioma de entrada. En este sentido,

Hope (1971: 609-621) cree oportuno distinguir tres fases en esta progresiva integración del extranjerismo que, por otra parte, no se produce al mismo ritmo en los diversos niveles lingüísticos:

1. *Act of transfer*. Es el estadio en que se inicia la aceptación del préstamo y, a juicio del lingüista británico, es de crucial importancia. En efecto, durante esta etapa de fluctuación y de experimentación, el elemento foráneo se enfrenta a las convenciones formales del nuevo idioma y es posible ya intuir si logrará imponerse o si será rechazado. Por otro lado, el hecho más importante que tiene lugar en el transcurso de la transferencia o recepción del préstamo es la pérdida de su transparencia morfémica y semántica al carecer todavía de paradigmas en los que estructurarse.

2. *Interim period*. En esta fase de transición, la unidad lingüística va sintiendo el impacto de su nuevo entorno y debe alcanzar un compromiso entre su forma exportada y los factores modificadores. Los resultados son diversos, pues es posible que el extranjerismo sea aceptado tal cual, si sus formantes son alófonos con los fonemas de acogida, pero también puede ocurrir que existan incompatibilidades fonológicas por no contar la lengua receptora con fonemas parejos a los de la lengua fuente. En lo concerniente al plano morfológico, los sufijos que son similares en ambos idiomas pueden sustituirse, si bien, en ocasiones, se reemplazan erróneamente equivalentes pseudo-etimológicos dando lugar, por ejemplo, a terminaciones femeninas cuando la original es masculina o viceversa.

3. *Exploitation*. Hope considera este tercer período como la vertiente positiva de la transferencia, esto es, la contribución del préstamo a la lengua receptora. Efectivamente, el idioma de llegada no sólo modifica el segmento lingüístico importado hasta el extremo que sea preciso, sino que tiende a sacarle el máximo provecho. Así, como también señalan Deroy (1956: 233-234) y Guilbert (1975: 95-98), la madurez del préstamo queda demostrada cuando este recurre a los mismos procedimientos neológicos que cualquier lexema de la lengua de acogida.

Circunscribiéndose a la segunda de las fases señaladas por Hope, es decir, a la asimilación o naturalización de las lexías foráneas, Rey-Debove (1973: 109) sostiene que en todos los casos tiene lugar una modificación de índole fonética y que la mayoría de los préstamos experimenta, asimismo, acomodaciones de carácter gráfico-fónico. A estos dos tipos de ajustes, gran parte de los estudiosos (Deroy 1956, Dubois 1963, Hockett 1971: 378-422, Wagner 1990: 55-65, etc.) añade la adaptación morfosintáctica y la semántica, por lo que estudiaremos la integración de los galicismos desde estas cuatro perspectivas.

6.1. Adaptación fonética

Como plantea con claridad Deroy (1956: 235-248), la primera adaptación que experimenta una palabra importada es de índole fonética y, en cierta medida, fonológica, ya que –añadimos nosotros– los préstamos deben ser, ante todo, pronunciables. En general, puede afirmarse que este plano –muchas veces olvidado– suele ser el menos conflictivo por cuanto existe una tendencia en los nuevos usuarios a hacer un esfuerzo por reproducir del modo más fidedigno la pronunciación originaria, pudiéndose registrar varias representaciones fónicas alternativas (*camembert* [kámember] o [kamambér]). Con todo, los fonemas de la lengua materna tienden espontáneamente a suplantar aquellos sonidos inhabituales o que ofrecen grandes dificultades de articulación, por lo que suele cumplirse la aseveración de Sapir que reproducimos a continuación:

> El préstamo de palabras extranjeras trae siempre consigo su alteración fonética. Hay invariablemente sonidos extraños o peculiaridades de acentuación que no concuerdan con los hábitos de la lengua que adopta las palabras; es preciso cambiarlas para que hagan la menor violencia posible a tales hábitos ([1921] 1991: 224).

Siguiendo, entre otros, a Deroy (1956: 239), Bloomfield (1961: 445-446) y Wagner (1990: 59-60), podemos reducir a tres las estrategias más frecuentes que siguen los vocablos importados con el fin de adaptarse a la estructura fónica del idioma de acogida:

1. Conservación de los rasgos familiares y omisión de los fonemas o combinaciones de fonemas desconocidos o difíciles de pronunciar. Este es el caso, por ejemplo, de la consonante final en *cognac* [koɲá] y *entrecôte* [entrekó], que han dado lugar a las variantes formales en castellano *coñá* y *entrecó*, o también del sufijo –*ette*, que se ha convertido en la vocal -*e* en *gouttelette* > *gotelé* o *claquette* > *claqué*, etc.

2. Sustitución de sonidos extranjeros por otros de la lengua receptora. En los casos en los que los sistemas fonéticos son paralelos, ello implica únicamente ignorar diferencias menores. No obstante, como señala

Bloomfield (1961: 446), en los supuestos de sistemas menos parecidos, estas adecuaciones pueden resultar sorprendentes o, incluso, chocantes, para los hablantes del idioma prestador. En nuestro caso, no hay que olvidar que el sistema fonémico del francés es bastante diferente al del castellano y que son necesarias diversas adaptaciones para acercarse a la pronunciación originaria. Se trata del procedimiento más común de acomodación y, por tanto, afecta a un nutrido número de fonemas, tanto vocálicos como consonánticos. He aquí una muestra de los más representativos:

[ə] > [e]	*bibelot* > [biβeló] o [biβelót]
[y] > [u]	*brut* > [brut]
[œ] > [e]	*amateur* > [amatér]
[ã] > [an]	*enfant* > [anfán]
[ɛ̃] > [en]	*chemin* > [tʃemén]
[õ] > [on]	*blouson* > [blusón]
[ʒ] > [ʃ]	*collage* > [koláʃ]
[ʒ] > [j]	*beaujolais* > [bojolé]
[z] > [s]	*boiserie* > [bwaserí]
[v] > [b] o [β]	*vivant* > [biβán]

3. Desplazamiento del acento siguiendo las normas de la lengua de adopción. A veces coexisten variantes con distintos esquemas acentuales:

alibi	fr. [alibi] > esp. [áliβi], [alíβi], [aliβí]
camembert	fr. [kamãber] > esp. [kámenber], [kamambér]
élite	fr. [elit] > esp. [élite], [elíte]
footing	fr. [futiŋ] > esp. [fútin]

La acomodación en el plano fónico de un vocablo de procedencia extranjera se entenderá culminada cuando los sonidos que lo conforman, así como su distribución, sean idénticos a los de las palabras nativas (Bynon 1981: 310).

6.2. Adaptación gráfica

Como ya se ha señalado en el apartado 4.1., las fuentes escritas han constituido el principal vehículo de introducción de los préstamos franceses en el español, por lo que no es de extrañar que se conceda una gran importancia a la asimilación gráfica del galicismo.

Centrándonos, pues, en este nivel de análisis, no cabe la menor duda de que el grado de penetración de un extranjerismo se mide según las variaciones ortográficas que experimenta. En efecto, una vez que su uso se ha extendido, en la gran mayoría de los supuestos la lexía importada con el paso del tiempo acaba presentando una plasmación escrita distinta a su ortografía primitiva. Ante la cuestión de cuál debe ser esa nueva forma de expresión, abundan, como bien comenta Claudio Wagner (1990: 62-64), las posturas arbitrarias, entre las que destacan fundamentalmente dos. La primera pretende que todas las palabras extranjeras se adapten sin más, ortográfica y gramaticalmente, a la lengua de acogida, en tanto que la segunda sostiene que la ortografía de los préstamos debe corresponder a su pronunciación. Respecto a este último criterio, el autor chileno observa que, pese a que tras el mismo se esconde una confusión generalizada entre lengua escrita y lengua hablada, no es menos cierto que, habitualmente, la adaptación ortográfica del extranjerismo se funda, en mayor o menor medida, en su pronunciación.

Seguidamente, Wagner expone las tres clases de comportamiento que, a su juicio, pueden darse en este proceso:

1. Conservación de características formales que permiten reconocer fácilmente su procedencia foránea. Así, ciertos vocablos de origen francés mantienen unos rasgos inusuales en español, como son la geminación de consonantes, la combinación anormal de grafemas vocálicos y consonánticos, la aparición de una consonante inicial o final inhabituales, etc. Reseñamos a continuación algunos de los ejemplos más representativos:

   – Duplicación o geminación de consonantes:

-cc-	*raccord*
-cq-	*jacquard*
-ff-	*affaire*
-mm-	*comme*
-nn-	*cloisonné*
-pp-	*grippage*
-ss-	*croissant*
-tt-	*couchette*
-zz-	*razzia*

   – Combinación anormal de grafemas vocálicos:

ai	*affaire, chaise(-)longue*
eau	*chateaubriand, fuseau*
ée	*pensée, mêlée*
eu	*berceuse, causeur*

oie   *foie*
ou   *blouson, boudoir*

– Combinación anormal de grafemas consonánticos:

-gh-   *yoghourt*
-gn-   *cognac*
-ml-   *cromlech*
-pt-   *comptoir*
-th-   *discothèque*

– Aparición de consonantes iniciales o finales inhabituales:

st-   *stage*
w-   *wagon-lit*
-c   *bric-à-brac*
-d   *clochard, motard, plafond*
-f   *naïf, pendentif, pouf*
-g   *aquaplaning*
-r   *au pair, brocanteur, bustier*
-t   *argot, ballet, biscuit, camembert, épatant, parfait*:
-x   *grand prix, sioux*

2. Existencia de formas alternativas como consecuencia del intento de adaptación:

béchamel > *bechamel, besamel, besamela*
bécassine > *becacina, becasina*
carnet > *carnet, carné*
chalet > *chalé, chalet*
champagne > *champán, champaña*
crêpe > *crep, crepe*
entrecôte > *entrecot, entrecó, entrecote*
limousine > *limusina, limusín*
pasteuriser > *pasteurizar, pasterizar*
restaurant > *restaurante, restaurán, restorán*
tartelette > *tartaleta, tarteleta*

3. Adaptación a la normativa grafemática de la lengua prestataria. Los mecanismos que se aplican con más frecuencia para la asimilación de los galicismos al español son los que siguen:

– Simplificación de consonantes geminadas, aunque la RAE mantiene grupos de consonantes dobles (*dossier*) que, en algunas ocasiones, llegan a confundir la pronunciación (*ballet*). Entre muchos otros, cabe citar:

ballotade > balotada
consommé > consomé
marionnette > marioneta
appartement > apartamento
atterrissage > aterrizaje
adosser > adosar
admittance > admitancia

– Sustitución de elementos propios de la grafía francesa (letras simples y dígrafos) e inexistentes en español por grafemas castellanos:

v > b	*livrer > librar*
ç > s	*sans-façon > sanfasón*
gn > ñ	*cognac > coñac*
k > qu	*ski > esquí*
ph > f	*phoniatre > foniatra*
t(ion) > c(ión)	*aviation > aviación*
y > i, u	*anticyclone > anticiclón, glycémie > glucemia*

– Paragoge vocálica o adición de una vocal final de apoyo:

-ac > -aque	*clac > claque*
-ant > ante	*épatant > epatante*
-ard > -ardo	*guépard > guepardo*
-at > -ato	*orphelinat > orfanato*
-er > -ero	*pionnier > pionero*
-in > -ino	*angevin > angevino*
-op > -ope	*sirop > sirope*

– Apócope de la consonante final:

chalet > chalé
capot > capó

– Prótesis o adición de una vocal *e*- a principio de palabra, especialmente frecuente en los casos de presencia de la llamada *s*- líquida:

scaphandre > escafandra
ski > esquí
stratègue > estratega
stylet > estilete

- Colocación de la tilde siguiendo las normas del castellano, procedimiento habitual, sobre todo, en los galicismos agudos acabados en vocal:

bidon > bidón
bistrot > bistró
carnet > carné
chalet > chalé
fumet > fumé
ski > esquí

Estas reglas de acomodación gráfica son características de un conjunto de préstamos que suelen llevar ya un cierto tiempo en el español. Sin embargo, como fácilmente puede constatarse, hay otros tantos que, a pesar de estar integrados y de ser usuales, se han resistido a esa adaptación, quizá porque, como han señalado algunos autores, se trata de préstamos culturales cuyo registro escrito en la lengua prestataria ha influido de manera evidente en su falta de asimilación. Es lo que sucede, a título meramente ilustrativo, con *amateur, au pair, baguette, boîte, boutique, brioche, fondue, forfait, maître, ménage à trois, mousse, prêt-à-porter, rentrée, toilette, troupe, souvenir* o *voyeur*.

Otro gran grupo de palabras presenta, junto a la forma primitiva, una o más variantes total o parcialmente naturalizadas con las que coexiste, como sucede en los siguientes casos:

affaire / afer
beige / beis
choucroute / choucrut / chucrut / chucruta / chucrú
crepé / crep / crêpe / crepe
croissant / cruasán
foie-gras / fuagrás
gourmet / gurmet / gurmé
mouton / mutón
piolet / piolé
popurrí / pot(-)pourri / popurri / popourrí / potpurrí
roulotte / rulot
soufflé / souflé / suflé
tournée / turné

trousseau / trusó
vedette / vedete
vol-au-vent / volován

6.3. Adaptación morfosintáctica

Desde el punto de vista gramatical, el préstamo está sometido al sistema de la lengua que lo toma tanto en lo concerniente a las inflexiones indispensables y a la formación de compuestos y derivados, cuanto a la sintaxis. De ahí que, dentro de la gama de posibles adaptaciones, nos encontremos con que la mayor parte de los materiales se ha integrado a los patrones de flexión de la lengua receptora, si bien siempre podemos toparnos con algún caso en el que el elemento incorporado ha conservado, o ha intentado conservar, su modelo flexional de origen, como sucede, por ejemplo, con los cultismos *currículum-currícula* o *corpus-córpora*.

No vamos a detenernos demasiado en este subapartado, puesto que la adaptación morfológica de los galicismos al español no plantea especiales problemas. Efectivamente, el hecho de que en ambas lenguas toda lexía pertenezca a una determinada categoría (sustantivo, adjetivo, verbo...) con sus marcas formales características (género, número, conjugación...) facilita considerablemente el proceso de asimilación. Así, este suele resolverse mediante el recurso a equivalentes paralelos, como ocurre con los términos que siguen:

aimer > amar
acuité > acuidad
constellé > constelado
dame > dama
entretenue > entretenida
féerique > feérico
ordinateur > ordenador
pionnier > pionero
pirouette > pirueta

En el ámbito de la morfología léxica, hemos podido comprobar que las voces importadas son generativas, ya que no es nada desdeñable el número de galicismos que, una vez asentados, han originado derivados. Destacamos, a título de ejemplo, los siguientes:

amateur > amateurismo
banal > banalización, banalizar
cabaré > cabaretero

champán > champañero, champañería
debutar > debutante
esquí > esquiador, esquiar
fovismo > fovista
grand guignol > granguiñolesco
maqueta > maquetación, maquetado, maquetar, maquetista
peatón > peatonal, peatonalización, peatonalizar
reciclar > reciclable, reciclado, reciclador, reciclaje, reciclamiento
semántico > semantista
trefilar > trefilado
vedette > vedetismo

Sin embargo, es preciso señalar que, en ocasiones, surgen algunas dificultades, principalmente en lo concerniente a la morfología nominal y, en menor medida, a la morfología verbal. Como la mayoría de los galicismos en español –al igual que ocurre con cualquier otro género de préstamos– son de naturaleza nominal, las cuestiones más importantes que se plantean son las que se refieren a la variación de sus accidentes gramaticales, el género y el número. Por ello, nos circunscribimos a estos dos aspectos, que acompañamos de algunos ejemplos.

– Cambio de género:

– De masculino a femenino:
abattis > abatida
jaconas > chaconada
hydracide > hidrácida
lycra > licra
massacre > masacre

– De femenino a masculino:
affaire > afer
affiche > afiche
agrafe > agrafe
alèze > alezo
arabesque > arabesque
avances > avances
bavaroise > bavarois
bénédictine > benedictine
biscotte > biscote
jaquette > chaqué
chartreuse > chartreuse
claquette > claqué

> *entrecôte > entrecot*
> *escalope > escalope*
> *hématie > hematíe*
> *impasse > impasse*
> *montgolfière > montgolfier*
> *office > office*
> *palette > palé*
> *peluche > peluche*
> *portière > portier*
> *profiterole > profiterol*
> *ruche > ruche*

– Vacilación en la asignación de género. Englobamos aquí tanto los casos en que el término castellano cobra un género ambiguo, como aquellos otros que se convierten en la lengua receptora en nombres comunes en cuanto al género:

> - Género ambiguo: *avant-garde, cassette, choucroute, luge, matiné, mise en plis, motard, mousse, reprise.*
> - Género común: *clochard, cloche, crepe, crupier.*

– Formación del plural de los términos acabados en consonante, como ocurre con las siguientes voces, por citar solamente las más comunes: *après soleil, atelier, au pair, ballet, bibelot, bistrot, brut, bustier, cabaret, canard, capot, confit, debut, dossier, forfait, mouton, pilet, puf* o *tour*. El plural académico en *-es* ha sido la solución para algunos de ellos, pero para el resto no ha dado resultado, prefiriéndose la marca *-s*, propia de las palabras terminadas en vocal. Una tercera solución es posible sólo para aquellos supuestos en los que ya se haya producido la adaptación morfológica para el singular, como *chalé-chalés* o *carné-carnés*.

6.4. Adaptación semántica

Los estudios sobre el préstamo lingüístico dedican, como señala Gusmani (1986: 179) y hemos podido comprobar nosotros mismos (Curell 2000a, 2000b y 2003), escasa atención a las implicaciones semánticas que de él se derivan, tal vez porque la manifestación más patente del fenómeno –la imitación en el plano del significante– atrae, inevitablemente, un interés mayor. La postura de Pergnier al respecto es tajante:

> Il nous faut dès l'abord détruire une croyance presque unanimement admise dans le public, et souvent entretenue à leur corps défendant par les lexicologues et sémanticiens, croyance selon

> laquelle un emprunt serait un mot dont le «sens» se maintiendrait identique dans le passage d'une langue à une autre [...]. De même que leurs signifiants, les signifiés des emprunts sont des produits hybrides, résultat de ce qu'en agriculture on pourrait appeler un «croisement» –c'est-à-dire en termes propres pour ce qui nous concerne– d'une interférence de deux systèmes sémiologiques (1989: 37).

En efecto, la integración semántica de un término prestado no es un simple acto de transposición mecánica (Gusmani 1986: 133) y parece indiscutible que en esta transferencia las unidades lingüísticas no suelen reproducir con fidelidad su función significativa al sufrir, en mayor o menor grado, alguna divergencia en su significado. En este sentido, resulta ilustrativa la afirmación de Dubois (1963: 16) cuando señala que, incluso cuando su función es denominativa o cuando desempeñan un simple papel en una nomenclatura, los términos extranjeros experimentan una adaptación semántica para poder entrar en uno de los «campos lingüísticos» de la lengua de acogida.

Ullmann (1972: 257-266) habla en general de dos grandes clases de transformaciones semánticas: en cuanto al alcance y en cuanto a la valoración. En esta última categoría agrupa las modificaciones que se producen en las connotaciones semántico-estilísticas, que él denomina «desarrollos meliorativos y peyorativos». Por su parte, Thibault (2004: 106), refiriéndose en especial a ciertas palabras francesas estilísticamente neutras que cobran un valor añadido al incorporarse al español como consecuencia de la idea de lujo, prestigio o *chic* que connota el francés y lo francés, alude también a este tipo de transformaciones con el nombre de *glissements connotatifs*. Cita, como ejemplo, los casos de *boutique, eau de toilette* o de *écharpe,* al tiempo que precisa que los hablantes reconocen conscientemente esos vocablos como préstamos del francés, lo que no siempre ocurre con los demás galicismos.

El primer grupo que menciona Ullmann –de mayor interés para nuestro estudio– incluye las restricciones y las extensiones conceptuales. Cuando tiene lugar una simplificación en la significación de una palabra, esta restringe su ámbito, su significado se enriquece con un rasgo adicional y su «extensión» se reduce, a la vez que su «intensión», esto es, su precisión, aumenta. En lo que concierne a la extensión, se produce justamente lo contrario: la incorporación de semas adicionales a la estructura del significado corre paralela a la disminución de su «intensión».

En general, aunque el modelo foráneo pertenezca al lenguaje corriente y presente, por tanto, un carácter polisémico, en su exportación a otra lengua no acostumbra a mantener la misma complejidad de contenido, llegando sólo con una de sus acepciones (Deroy 1956: 265, Hope 1971: 661-668, y Görlach 2002: 10). La naturaleza misma del préstamo, fenómeno que no tiene lugar en el plano de la lengua sino en el del discurso, favorece estos casos de simplificación en los que, además, ocurre lo que Pergnier apunta de forma clara:

> Non seulement l'emprunt est mutilé de la majeure partie de ses emplois dans la désignation (réduction à la monosémie) mais il est aussi mutilé de sa *signification* [...] En passant d'un système lexical à un autre, le mot d'emprunt perd une part de son opacité virtuelle de signe en devenant pur outil de désignation (1989: 57).

Efectivamente, si examinamos las diferencias semánticas que existen entre algunos préstamos y las lexías de las que proceden, podemos ver una mayor proporción de supuestos de especialización que de extensión semántica.

Debemos hacer alusión, por último, a una tercera forma de divergencia semántica que es la adquisición de un nuevo significado, o la mutación del que ya poseía, una vez incorporado al idioma receptor. Sin embargo, tal como apunta Thibault (2004: 104), la evolución semántica que pueda presentar un extranjerismo después de su integración ya no tiene relación con el fenómeno del préstamo, sino que concierne a la semántica histórica general, pues estamos ya ante una palabra que se comporta exactamente igual que una voz vernácula. Lo relevante en esta etapa es que el término prestado vuelve a ser una entidad léxica polisémica, con nuevos significados adquiridos que no guardan ninguna relación con las acepciones que poseía en su lengua de origen (Gómez Capuz 1998: 254), lo que constituye una prueba más de su arraigo en el entorno lingüístico que lo ha recibido (Guilbert 1975: 97).

Antes de proseguir reseñando una pequeña muestra que nos ha parecido representativa de los dos tipos de divergencia semántica (en la que se cuentan tanto préstamos plenamente integrados formalmente en la lengua castellana, como extranjerismos crudos que, hasta la fecha, conservan intacta su grafía original), consideramos oportuno realizar una última precisión terminológica. Los cambios de significado que estamos analizando no deben asimilarse a los cognados –más conocidos por el sintagma francés *faux-amis*– como así lo cree Deroy (1956: 261) cuando indica que «les emprunts sont souvent de faux amis parce qu'ils n'ont pas, dans la langue emprunteuse, le même sens que dans la langue donneuse». Es cierto que todos ellos son vocablos con idéntico o muy similar significante y distinto significado, pero mientras que los «falsos amigos» designan, en palabras de Vinay y Darbelnet (1958: 9), «des mots qui, d'une langue à l'autre semblent avoir le même sens parce qu'ils sont de même origine, mais qui ont en fait des sens différents par suite d'une évolution séparée», los supuestos que estamos analizando no poseen el mismo étimo que la lexía original, sino que proceden, precisamente, de esta lexía.

Hecha esta matización, pasamos a presentar una serie de ejemplos de los dos tipos fundamentales de cambio semántico que han experimentado algunos de los galicismos que hemos recopilado:

1. Restricción o especialización conceptual. En este grupo se hallan aquellas voces que han tomado sólo una de las acepciones del francés, generalmente de carácter especializado, perdiéndose de este modo en el trasvase el sentido general que la dicción poseía originariamente.

Así, la voz francesa *affaire* –de reciente introducción con este significante ya que se incorpora al repertorio normativo en el DMILE de 1989– entra en castellano con la significación de 'negocio, asunto o caso ilícito o escandaloso', tanto con su grafía original —que recogen, entre otros, el DRAE 2001, el CLAVE, el DUE 1998 y el DEA—, como en la forma ya naturalizada *afer*. Por otra parte, Gregorio Doval señala en su inventario de expresiones extranjeras que este xenismo también se aplica comúnmente para referirse a las relaciones sentimentales, procediendo entonces de la expresión *affaire de coeur*. La simplificación del campo semántico que ha experimentado la palabra francesa al ser exportada ha supuesto, pues, adoptar únicamente uno o, a lo sumo, dos, si seguimos el DOV, de los sentidos originales, en particular el que el PROB presenta en cuarto lugar, esto es, 'ensemble de faits créant une situation compliquée où diverses personnes, divers intérêts sont aux prises. Spécialt. Scandale social, politique venant à la connaissance du public'.

El sustantivo *rentrée* constituye un caso más de restricción semántica, puesto que las significaciones más genéricas de esta dicción, y también las más antiguas, a saber, '(Êtres vivants) Retour en un lieu d'où l'on était sorti' y '(Choses) Action de mettre ou remettre à l'intérieur ce qui était dehors' (PROB), no se han tomado en préstamo, adoptándose simplemente acepciones más concretas y figuradas como son las que designan, especialmente después de las vacaciones estivales, la reanudación de las sesiones parlamentarias o de las actividades judiciales, la apertura del curso escolar y el inicio de una nueva temporada teatral. El repertorio normativo no incorpora el vocablo que sí aparece, en cambio, con su grafía original, en algunos diccionarios de uso del español (CLAVE, DUE 1998 y DEA), así como en otras fuentes lexicográficas específicas (HOYO y DOV).

Otros supuesto de este mismo fenómeno nos lo ofrece *impasse*, que sólo ha sido importado con el significado metafórico de su correspondiente étimo. En efecto, la lexía francesa equivalente, en sentido propio, a una 'petite rue qui n'a pas d'issue' (PROB), siendo Diderot en el siglo XVIII quien le diera el valor figurado de 'situación sin salida' (ROBHIST) que es el que encontramos en castellano.

Por último, no queremos dejar de reseñar otros ejemplos más como el vocablo *plateau*, que se ha acogido con un empleo metonímico, o las voces *baguette*, *boîte*, *chef*, *debut*, *mousse* y *souvenir*, que no han conservado su significación principal, incorporándose a la lengua receptora con una sola de las acepciones de las polisémicas palabras originarias.

En el caso de *chal* y de *champiñón* se ha producido otro tipo de especialización, ya que en francés son ambos términos genéricos, en tanto que en castellano se aplican a una variedad específica de la categoría que designan las lexías de origen.

2. Ampliación o extensión semántica. Consiste en convertir un hipónimo en hiperónimo, es decir, en que el vocablo prestado pierda semas en relación con su étimo. Contrariamente a los supuestos de restricción conceptual, este tipo de fenómeno es mucho menos frecuente, y así lo hemos constatado en nuestro repertorio, del que destacamos dos ejemplos ilustrativos, *chalé* y *foie-gras*.

El primero de ellos, *chalé*, procedente de un dialecto suizo, se halla documentado en francés desde 1723 y se hizo popular a partir de 1761 gracias a *La Nouvelle Héloïse* de J. J. Rousseau (ROBHIST). Además de designar la casa típica de los países europeos de montaña, se aplica, según el PROB, a 'une maison de plaisance construite dans le goût des chalets suisses'. Con este sentido pasó al castellano a principios del siglo XX, con la doble variante gráfica *chalet* y *chalé*. Unas décadas más tarde, como lo demuestra el DRAE 1956, amplió su significación a 'casa de recreo de no grandes dimensiones', acepción que ha pasado a ser la principal y que en la actualidad, tras unas ligeras modificaciones, ha quedado como sigue: 'vivienda unifamiliar, generalmente con más de una planta y rodeada de un terreno ajardinado' (CLAVE y, de forma similar, DRAE 1992, DGLE, DUE y DUE 1998).

Por lo que atañe al sustantivo *foie-gras*, que aparece así registrado en el DRAE 2001 y en los demás diccionarios de uso consultados, ofrece en castellano un sentido más general que en su idioma de procedencia, puesto que, además de aplicarse a un «foie hypertrophié d'oie ou de canard engraissés par gavage» (PROB), se ha empleado genéricamente, hasta hace poco tiempo, como sinónimo de cualquier variedad de paté (de carne o de hígado), tanto de cerdo como de ave (HOYO). En nuestros días, se utiliza, ya con más propiedad, para designar además del hígado cebado de pato u oca, el *pâté* hecho con él (HOYO y DOV).

En los restantes casos de extensión semántica que hemos localizado (como *boutique, carné, chándal, madame, rendibú, meublé, viable*, etc.), pensamos que se ha producido una ampliación de significado o que se ha desarrollado una nueva acepción una vez integrado el galicismo en la lengua española, por lo que se trata de un nuevo proceso neológico que traspasa las fronteras del préstamo lingüístico.

7. A modo de conclusión

En este estudio hemos tratado de ofrecer una visión general de los principales aspectos de la interferencia lingüística, centrando nuestra atención en el caso específico de los galicismos hispánicos. Para ilustrar algunas de las cuestiones planteadas, hemos recurrido al corpus de elementos franceses incorporados al español peninsular a lo largo del siglo XX que hemos elaborado recientemente. Este inventario nos ha servido, en particular, para proporcionarnos ejemplos de las distintas categorías del préstamo lingüístico, así como para facilitarnos casos concretos de los diversos mecanismos de asimilación del francesismo en los distintos planos de la lengua española.

La base teórica de nuestra investigación se ha sustentado en los estudios generales sobre el préstamo lingüístico. Así, hemos partido de los planteamientos de Haugen (1950), Weinreich (1953), Deroy (1956), Hope (1971), Humbley (1974) Payrató (1985) y Rey-Debove (1987), que hemos completado en cuestiones determinadas con las aportaciones de Hockett (1971), Guilbert (1973 y 1975), Gusmani (1974 y 1986), Goddard (1976), Pratt (1980), Pergnier (1989), Kiesler (1993) y Nicolas (1994).

Tomando como fundamento estos análisis, nos atrevemos a afirmar que el español y el francés en Europa pueden considerarse lenguas en contacto *lato sensu*, hecho este que conlleva que las interferencias entre ambas lenguas sean de carácter cultural. En efecto, se trata de préstamos que se producen, en su mayoría, por vía escrita y que son, esencialmente, de índole léxica. Teniendo en cuenta ya lo que nuestro propio corpus nos muestra, hemos distinguido cuatro grandes categorías de interferencia. Por un lado, los llamados «préstamos léxicos», que hemos entendido como las lexías que una lengua toma de otra y que acaban asimilándose o integrándose, en una u otra medida, en el sistema lingüístico de adopción. En segundo lugar, hemos considerado los «calcos», esto es, la traducción literal de unidades simples o complejas procedentes de otra lengua. El tercer grupo lo constituyen los denominados «préstamos semánticos», que son aquellas nuevas acepciones que un idioma importa de otro para incorporarlas a una palabra ya existente en su acervo léxico. Por último, hemos contemplado los «préstamos gramaticales», que consisten en el empleo de estructuras de índole gramatical propias de una lengua extranjera.

Como era de esperar, la categoría de préstamos más abundante la forman los préstamos léxicos, a los que siguen los préstamos semánticos, los calcos y, por último, los préstamos gramaticales. La cantidad relativamente elevada de préstamos semánticos obedece al hecho de que, como ya lo hemos indicado, hemos considerado préstamos semánticos aquellas unidades que, ya presentes en el español como galicismos léxicos, han adquirido a lo largo del siglo XX una nueva acepción de filiación francesa.

En cuanto al proceso de naturalización de los elementos franceses en el español, hemos atendido a la incidencia que se ha producido en esta lengua aunque, por otra parte, ha resultado sumamente enriquecedor, y se ha manifestado como imprescindible, el punto de vista francés, es decir, lo que las fuentes lexicográficas de este idioma nos ofrecen, tanto sobre la creación de la voz –su origen y fecha de acuñación– como sobre el uso amplio o restringido de cada acepción en la lengua prestataria. Ambas perspectivas, la española y la francesa, se complementan y no se podría haber realizado un estudio del tipo de integración de un vocablo en el idioma que lo recibe sin conocer previamente su empleo en la lengua del que procede.

Analizando ya la asimilación de los galicismos contemplados, hemos podido comprobar que este proceso se ha producido, en mayor o menor grado e intensidad, en todos los niveles lingüísticos.

Así, en cuanto a la acomodación fónica, hemos observado que los fonemas franceses, salvo contadas excepciones, raramente se adoptan, siendo mucho más frecuente que se adapten a fonemas propios del castellano o próximos a su sistema articulatorio.

En lo que atañe a la adaptación gráfica, hemos advertido que existen en estos préstamos algunas combinaciones de grafemas consonánticos (-cc-, -mm-, -nn-, -pp-, -ss-, -tt-, etc.) y, en mayor número, de grafemas vocálicos (ai, eau, ée, eu, ou, etc.) inusuales o inexistentes en español. Con todo, el grado de asimilación ortográfica de los francesismos es, en su conjunto, bastante alto, especialmente en aquellos préstamos que llevan un mayor tiempo de aclimatación. Aun así, hemos observado un buen número de palabras que se sigue resistiendo, a pesar de haberse importado hace ya unas cuantas décadas, a dejar de lado sus características formales de origen, y que, si bien en algunos casos, coexisten con sus variantes castellanizadas, su uso sigue estando muy extendido y suele ser el preferido, como sucede, entre otros muchos ejemplos, con *affaire, boutique, maître, prêt-à-porter* o *vedette*.

Respecto a la adaptación morfosintáctica, del estudio realizado se desprende que el principal problema se plantea en el terreno de la morfología nominal, en especial en la asignación del género de las palabras importadas. De esta forma, el género primitivo no siempre se ve respetado y cuando se modifica esta alteración no siempre obedece a criterios uniformes. También hemos constatado que la formación del plural de vocablos acabados en consonante no sigue habitualmente una única pauta, ya que la conciencia del préstamo conduce, en muchas ocasiones, a la adopción anómala o no normativa de los morfemas plurales.

En lo referente a la morfología léxica, nuestros datos nos demuestran que los sufijos franceses adoptan, generalmente, las formas paralelas españolas. Además, en este mismo orden de cosas, los resultados obtenidos desmienten la teoría de la improductividad de los préstamos en su nuevo entorno al evidenciar que dan lugar a derivados ausentes en la lengua originaria, tal y como puede comprobarse en un considerable número de lemas del corpus que hemos elaborado.

El capítulo dedicado a la adaptación del galicismo concluye con el análisis de la vertiente semántica de este proceso, en la que hemos hecho especial hincapié porque, al ser menos evidente, ha solido recibir menos atención y porque su localización exige, en gran parte de los supuestos, un contraste profundo e intenso de las estructuras de ambas lenguas. En este plano, ha quedado demostrado que las integraciones comportan, a menudo, una especificación de contenido, aunque también hemos detectado ciertos casos de extensión semántica o de adquisición de empleos suplementarios de creación española y, por tanto, neológicos, una vez los galicismos se han asentado en la lengua.

La última observación de carácter general que queremos hacer es que, pese a que, como ya se ha indicado, la categorización onomasiólogica queda fuera del ámbito de nuestro análisis, hemos podido constatar que ciertas esferas del léxico siguen enriqueciéndose tomando parte de su vocabulario de fuentes francesas. De ahí que haya dominios léxico-semánticos que cuenten con un gran número de unidades de este origen, como son la gastronomía, la indumentaria, la estética y la moda, así como una parte no desdeñable del vocabulario del deporte, de la ciencia y de la tecnología.

Para concluir, pensamos que el hecho más destacable que se desprende de nuestros datos es el importante volumen del material inventariado que, si bien no debería extrañarnos si tenemos en cuenta la intensidad y la continuidad del influjo de la civilización francesa sobre la española a lo largo de la historia, ha representado una gran novedad, puesto que la bibliografía reciente incide siempre en la procedencia mayoritariamente inglesa de los préstamos actuales. Efectivamente, aunque la frecuencia de los galicismos haya descendido en los últimos años, la entidad del corpus recopilado demuestra que su estudio merecía un análisis más detallado que el que generalmente se le ha dado en los trabajos publicados en la última centuria. Partiendo de la convicción de que la interferencia lingüística es una consecuencia directa de la interferencia cultural, esta notable cantidad de nuevas aportaciones no hace sino confirmarnos en el hecho de que las relaciones extralingüísticas entre Francia y España siguen presentando un carácter privilegiado que se evidencia en la lengua.

8. Bibliografía

8.1. Estudios

8.2. Fuentes lexicográficas

8.1. Estudios

ABAD NEBOT, F. (2001): «Primeros apuntes sobre los galicismos», en *Cuestiones de lexicología y lexicografía*, Madrid, Universidad Nacional de Educación a Distancia, pp. 425-434.

ABRAHAM, W. (1974): *Terminologie zur neuren Linguistik*, Tubinga, M. Niemeyer. Vers. esp.: *Diccionario de terminología lingüística actual*, Madrid, Gredos, 1981.

ADDA, R. et al. (1979): Néologie et lexicologie. Hommage à Louis Guilbert, París, Larousse.

ALARCOS LLORACH, E. (1983): «Consideraciones sobre la formación léxica», en *Homenaje a Lázaro Carreter / Serta Philologica F. Lázaro Carreter*, Madrid, Cátedra.

ALCAIDE, R. (1993): *Estudios lingüísticos en torno a la palabra*, Sevilla, Universidad de Sevilla.

ÁLVAREZ DE MIRANDA, P. (1992): «El estudio del léxico dieciochesco: aspectos generales y estado de la cuestión», en *Palabras e ideas: el léxico de la Ilustración temprana en España (1680-1760)*, Madrid, Anejos del Boletín de la Real Academia Española, LI, pp. 43-78.

ALZUGARAY, J. J. (1979): *Voces extranjeras en el lenguaje tecnológico*, Madrid, Alhambra.

ANSALONE, M. R. y P. FÉLIX (1997): I francesismi in italiano. Repertori lessicografici e ricerche sul campo, Nápoles, Liguori editore.

ANTILLA, R. (1989): *Historical and Comparative Linguistics*, Amsterdam-Philadelphia, John Benjamins Publishing Co. Ed. orig.: *An Introduction to Historical and Comparative Linguistics*, Nueva York y Londres, MacMillan Publishing Co., Inc. y Collier MacMillan Publishers, 1972.

APPEL, R. y P. MUYSKEN (1996): *Bilingüismo y contacto de lenguas*, Barcelona, Ariel.

ARACIL, L. V. (1983): *Dir la realitat*, Barcelona, Edicions Països Catalans.

ARIZA, M. (1983): «"Control", ¿galicismo o anglicismo? (Historia hispánica de la palabra)», *Boletín de la Real Academia Española*, t. LXIII, cuad. CCXXVIII, pp. 143-152.

AUGER, P. y L. ROUSSEAU (1978): *Metodologia de la recerca terminològica*. Vers. esp. y adapt. de M.T. Cabré, Barcelona, Departament de Cultura de la Generalitat de Catalunya,1984.

AZORÍN FERNÁNDEZ, D. (1992): «El Diccionario General de la Lengua frente a los vocabularios científicos y técnicos», en *Actas del IV Congreso Internacional Euralex 90 Proceedings. (A EURALEX 90)*, Barcelona, Bibliograf, pp. 445-453.

BADIA, A. M. (1977): «Lenguas en contacto: bilingüismo, diglosia, lenguas en convivencia (con especial aplicación al catalán)», en R. Lapesa (coord.), *Comunicación y lenguaje*, Madrid, Karpos, pp. 109-133.
BALLY, Ch. (1950): «Emprunts», en *Linguistique générale et linguistique française*, Berna, A. Francke.
BALLY, Ch. (1951): *Traité de stylistique française*, Ginebra y París, Georg & Cie y Klincksieck. Ed. orig.: 1909.
BARKIN, F. (1980): «The role of loanword assimilation in gender assignment», *The Bilingual Review*, 7, pp. 105-112.
BARRI I MASSATS, M. (1999): *Aportació a l'estudi dels gal·licismes del català*, Barcelona, Institut d'Estudis Catalans.
BASTUJI, J. (1974): «Aspects de la néologie sémantique», *Langages*, 36, pp. 6-19.
BEARDSLEY, T. S. (1979): «Los galo-anglicismos», *Boletín de la Academia Norteamericana de la Lengua*, 4-5, pp. 9-16.
BELOT, A. (1984): «Sur les néologismes dans la vingtième édition du DRAE», *Les langues néo-latines*, 250-251, pp. 113-117.
BELOT, A. (1987): L'espagnol d'aujourd'hui. Aspects de la créativité lexicale en espagnol contemporain, Perpiñán, Éditions du Castillet.
BENIAK, E., R. MOUGEON y D. VALOIS. (1985): Contact des langues et changement linguistique: étude sociolinguistique du français parlé à Welland (Ontario), Quebec, Centre International de Recherche sur le Bilinguisme.
BLAS ARROYO, J. L. (1991): «Problemas teóricos en el estudio de la interferencia lingüística», *Revista Española de Lingüística*, 21, 2, pp. 265-289.
BLOOMFIELD, L. (1961): *Language*, Nueva York, Holt, Rineheart and Winston.
BOILEAU, A. (1942): «Les emprunts», *Revue des Langues vivantes*, 8, pp. 90-99 y 144-150.
BOOKLESS, T. C. (1982): «Towards a Semantic Description of English Loan-Words in Spanish», *Quinquereme*, 5, 2, pp. 170-185.
BRAULT, G. J. (1961): «Early Hispanisms in French (1500-50)», *Romance Philology*, XV, 2, pp. 129-138.
BREUILLARD, J. y P. KERUHEL (1980): «L'identification des emprunts français dans le russe du début du XIXe siècle: bilan d'une recherche», *CILL*, 6, 1-2, pp. 107-124.
BURIDANT, C. (1980): «Problématique de l'emprunt lexical en latin médiéval», en H. Le Bourdellès *et al.* (eds.), *L'emprunt linguistique, Cahiers de l'Institut de Linguistique de Louvain*, 6, 1-2, pp. 37-67.
BYNON, T. (1981): *Lingüística histórica*, Madrid, Gredos.

CABRÉ CASTELLVÍ, M. T. (1989): «La neologia efímera», en *Estudis de llengua i literatura catalanes. Miscel·lània Joan Bastardas*, Barcelona, Publicacions de l'Abadia de Montserrat, XVIII, 1, pp. 37-58.

CABRÉ CASTELLVÍ, M. T. (1991): «Aspectes sobre la neologia: la "novetat lèxica" a través de dos diaris catalans», en *Estudis de llengua i literatura catalanes. Miscel·lània Jordi Carbonell*, Barcelona, Publicacions de l'Abadia de Montserrat, XXII, 1, pp. 359-376.

CABRÉ CASTELLVÍ, M. T. (1993): *La terminología. Teoría, metodología, aplicaciones*, Barcelona, Antártida/Empúries.

CAHUZAC, Ph. (1987): «Influence de la langue française sur l'espagnol de l'Uruguay», en *Colloque sur les relations culturelles entre la France et l'Uruguay*, Unesco, París, 3-5 diciembre. Manuscrito.

CAHUZAC, Ph. (1988): «Approche méthodologique de l'étude des gallicismes en espagnol d'Amérique», en *Hommage à Bernard Pottier*, I, París, Klincksieck, pp. 127-141.

CARVAJAL, M. T. et al., (1988): «Tratamiento de los préstamos franceses en dos diccionarios del siglo XVIII español: el académico de 1780 y el del P. Terreros», *Analecta Malacitana*, XI, 1, pp. 219-232.

CASADO VELARDE, M. (1990): «Notas sobre el léxico periodístico de hoy», en VV.AA., *El lenguaje en los medios de comunicación*, Zaragoza, Asociación de la Prensa de Zaragoza, pp. 49-72.

CASARES, J. (1944): Crítica profana. Valle-Inclán. "Azorín". Ricardo León, Madrid, Espasa Calpe.

CASARES, J. (1961): *Cosas del lenguaje*, Madrid, Austral.

CASARES, J. (1992): *Introducción a la lexicografía moderna*, Madrid, CSIC. 1ª ed.: 1969.

CASSANO, P. (1974): «Théories de l'emprunt linguistique», *Rivista di Filologia Romanza*, II, pp. 391-399.

CASTRO, A. (1924): «Los galicismos», en *Lengua, enseñanza y literatura (esbozos)*, Madrid, Victoriano Suárez, 1924.

CASTRO, A. (1970): Español-Palabra extranjera: razones y motivos, Madrid, Taurus.

CASTRO, A. de (1898): *Libro de los galicismos*, Madrid, La España Moderna.

CATACH, N. (1979): «L'intégration graphique des mots nouveaux», *Néologie et lexicologie. Hommage à Louis Guilbert*, París, Larousse, pp. 67-72.

CERCLE LINGUISTIQUE D'AIX-EN-PROVENCE (1994): *L'emprunt*, Aix-en-Provence, Publications de l'Université de Provence, «Travaux 12».

CEVALLOS, P. F. (1873): Breve Catálogo de los errores que se cometen, no solo en el lenguaje familiar, sino en el culto, i hasta en el escrito, seguido de otro breve catálogo de galicismos, Quito, Oficina tipográfica de F. Bermeo, 4ª ed.

CHADELAT, J.-M. (2000): Valeurs et fonctions des mots français en anglais à l'époque contemporaine, París, L'Harmattan.

COLÓN, G. (1963): «Un hispanismo afortunado: francés *entresol*», *Revue de Linguistique Romane*, 105-106, pp. 101-113.

CORBEIL, J.-C. (1971): «Aspects du problème néologique», *La banque des mots*, 2, pp. 123-136.

CORBELLA, D. (1992): «Hacia una tipología del galicismo en el español actual», en *Actas del Congreso Internacional "El español: lengua internacional, 1492-1992"*, pp. 151-155.

CORBELLA, D. (1994): «La incorporación de galicismos en los diccionarios académicos», *Revista de Filología de la Universidad de La Laguna*, 13, pp. 61-68.

CORBELLA, D. (1996): «El galicismo en el español americano: tipología y análisis contrastivo», en *Actas del XII Congreso Nacional de la Asociación Española de Lingüística Aplicada (AESLA)*, Barcelona, Universitat Autònoma de Barcelona, pp. 105-112.

CORBELLA. D. (1997): «Elementos para un análisis del préstamo francés en el español actual», en M. Almeida y J. Dorta (eds.), *Contribuciones al estudio de la lingüística hispánica. Homenaje al prof. Ramón Trujillo*, Barcelona y Santa Cruz de Tenerife, Montesinos y Cabildo Insular de Tenerife, t. II, pp. 39-47.

CORBELLA, D. y A. M.ª REAL (1997): «Los galicismos en la última edición del DRAE», en A. Delgado (ed.), *IV Coloquio de la Asociación de Profesores de Filología Francesa de la Universidad Española*, Las Palmas de Gran Canaria, Servicio de Publicaciones de la Universidad de Las Palmas de Gran Canaria, pp. 211-218.

CORTÉS VÁZQUEZ, L. (1986): «Observaciones y comentarios sobre los galicismos en *-él*», *Estudios franceses*, Universidad de Salamanca, 2, pp. 9-22.

CORTÉS VÁZQUEZ, L. (1987): «Miscelánea cultural franco-española: de la *brouette* a la carretilla», *Estudios franceses*, Universidad de Salamanca, 3, pp. 9-21.

COSERIU, E. (1978): *Sincronía, diacronía e historia. El problema del cambio lingüístico*, Madrid, Gredos. 1ª ed. 1973.

COTARELO Y MORI, E. (1925): «Una nueva casta de galicismos», *Boletín de la Real Academia Española*, 12, pp. 117-121.

COUSQUER, Y. (1990): «Création et créativité lexicales dans l'espagnol d'aujourd'hui», *Cahiers de l'E.R.L.A., Créativité lexicale*, n° 2.

CURELL, C. (1997): «La influencia del francés en la obra reciente de Vázquez Montalbán», *Revista de Filología Francesa. Homenaje al Profesor D. Jesús Cantera Ortiz de Urbina*, 11, pp. 257-265.

CURELL, C. (2000a): «Cambio semántico en la transferencia léxica del francés al castellano», en *Cien años de investigación semántica: de Michel Bréal a la actualidad. Actas del Congreso Internacional de Semántica*, Madrid, Ediciones Clásicas, t. II, pp. 1003-1012.

CURELL, C. (2000b): «Divergencia semántica de algunos galicismos en el castellano actual», en M.ª Luz Casal Silva *et al.* (eds.), *La lingüística francesa en España camino del siglo XXI*, Madrid, Arrecife, t. I, pp. 355-363.

CURELL, C. (2003): «Adaptación semántica de algunos galicismos en castellano y en catalán», en Fernando Sánchez Miret (ed.), *Actas del XXIII Congreso*

Internacional de Lingüística y Filología Románica, Tubinga, Max Niemeyer Verlag, III, pp. 103-112.

DARBELNET, J. (1986): «Réflexions sur la typologie de l'emprunt linguistique et des situations bilingues», *Multilingua*, 5-4, pp. 199-204.
DARMESTETER, A. (1979): «Conditions logiques des changements de sens», *La vie des mots étudiée dans leurs significations*, París, Éditions Champ Libre, cap. II, pp. 39-78.
DEBYSER, F. (1971): «Comparaison et interférences lexicales en français et en italien», *Le français dans le monde*, 81, pp. 51-57.
DEROY, L. (1956): *L'emprunt linguistique*, París, Les Belles Lettres.
DEROY, L. (1971): «Néologie et néologismes: essai de typologie générale», *La banque des mots*, 1, 1971, pp. 5-12.
DEROY, L. (1980): «Vingt ans après *L'emprunt linguistique*: critique et réflexions», *CILL*, 6/1-2, pp. 7-18.
DONET CLAVIJO, M. L. (1997): «Estudio sobre los galicismos: el Diccionario de la Real Academia Española (1992)», *Lingüística española actual*, XIX/ 1, pp. 63-81.
DOPPAGNE, A. (1968): «L'espagnol dans la langue littéraire de Montherlant», en *Actas del XI Congreso Internacional de Lingüística y Filología Románicas*, II, Madrid, CSCIC, pp. 865-876.
DUBOIS, J. (1963): «L'emprunt en français», *L'information littéraire*, I, enero-febrero, pp. 10-16.
DUBOIS, J., L. GUILBERT, H. MITTERAND y J. PIGNON (1960a): «Le mouvement général du vocabulaire français de 1949 à 1960 d'après un dictionnaire d'usage [I]», *Le Français Moderne*, 2, pp. 86-106.
DUBOIS, J., L. GUILBERT, H. MITTERAND y J. PIGNON (1960b): «Le mouvement général du vocabulaire français de 1949 à 1960 d'après un dictionnaire d'usage [II]», *Le Français Moderne*, 3, pp. 196-210.

ECHEVERRI MEJÍA, O. (1964): «Anglicismos, galicismos y barbarismos de frecuente uso en Colombia», en *Presente y futuro de la lengua española*, Madrid, Instituto de Cultura Hispánica, II, pp. 91-101.

FAJARDO AGUIRRE, A. (1990): *Americanismos léxicos en la narrativa argentina contemporánea*, Tesis doctoral, Madrid, Universidad Complutense.
FERNÁNDEZ DÍAZ, M. C. (1992): «Sobre algunos galicismos de la *Cartas Marruecas*», *Estudios de investigación franco-española*, 6, pp. 105-112.
FERNÁNDEZ-SEVILLA, J. (1982): «Neología y neologismo en español contemporáneo», en *Curso de Estudios Hispánicos de la Universidad de Granada*, Granada, Don Quijote, pp. 9-44.

FILIPOVIC, R (1974): «A Contribution to the Method of Studying Anglicisms in European Languages», *Studia Romanica et Anglica Zagrabiensia*, 37, pp. 135-148.
FILIPOVIC, R (2002): «Croatian», en M. Görlach (ed.): *English in Europe*, Oxford, Oxford University Press, pp. 229-240.
FLÓREZ, L. (1964): «Muestra de anglicismos y galicismos en el español de Bogotá», *Boletín de la Academia Colombiana*, XIV, 55, pp. 260-278.
FOREST, J. B. DE (1916): «Old French Borrowed Words in the Old Spanish of the Twelfth and Thirteenth Centuries, with special reference to the *Cid*, Berceo's Poems, the *Alexandre* and *Fernán González*», *The Romanic Review*, VII, 1, pp. 369-413.
FRIES, C., PIKE, K. L., (1949): «Coexistent Phonemic Systems», *Language*, 25, 1, pp. 29-50.
FUENTE SALVADOR, M.ª P. (1987): *La influencia del vocabulario francés en el mundo de la moda*, Tesis doctoral, Madrid, Universidad Complutense.

GALINSKY, H. (1963): «Stylistic Aspects of Linguistic Borrowing», *Jahrbuch für Amerikastudien*, 8, pp. 98-135.
GARCÍA GALLARÍN, C. (1998): *Léxico del 98*, Madrid, Editorial Complutense.
GARCÍA YEBRA, V. (1983): *En torno a la traducción*, Madrid, Gredos, 1983.
GARCÍA YEBRA, V. (1992): «Sobre galicismos prosódicos», *ABC*, domingo 22/11/1992, p. 70.
GARCÍA YEBRA, V. (1997): «El préstamo» y «El calco» en *Teoría y práctica de la traducción*, Madrid, Gredos, I, pp. 333-352. 1ª ed.: 1982.
GARCÍA YEBRA, V. (1999): *Diccionario de galicismos prosódicos y morfológicos*, Madrid, Gredos.
GIMENO MENÉNDEZ, F. y M.ª V. GIMENO MENÉNDEZ (2003): *El desplazamiento lingüístico del español por el inglés*, Madrid, Cátedra.
GODDARD, K. A. (1969): «Loan-words and Lexical Borrowing in Romance», *Revue de Linguistique Romane*, 131-132, pp. 337-358.
GODDARD, K. A. (1976): «Quelques tendances et perspectives de l'étude de mots d'emprunt dans les langues romanes», *Actes du XIIIe Congrès International de Linguistique et Philologie Romanes*, II, Presses de l'Université Laval, pp. 425-431.
GOLDIS, A. (1976): «Calque linguistique dans le cadre du contact entre deux langues apparentées: le français et le roumain», *Cahiers de Lexicologie*, XXVIII, pp. 99-119.
GÓMEZ CAPUZ, J. (1991a): *Notas para un estudio de los anglicismos en español*, Memoria de Licenciatura, Valencia, Universidad de Valencia.
GÓMEZ CAPUZ, J. (1991b): «La situación del anglicismo en el español actual. Clasificación tipológica y análisis de un corpus reciente», en *Actas del Congreso Internacional "El estudio del español"*, Salamanca, Universidad de Salamanca.

GÓMEZ CAPUZ, J. (1991c): «Para una clasificación tipológica de los anglicismos en español actual», en J. Calvo Pérez, *Actas del I Simposio de Lingüística Aplicada y Tecnología*, Valencia, Departamento de Teoría de los Lenguajes de la Universidad de Valencia, pp. 63-70.

GÓMEZ CAPUZ, J. (1998): *El préstamo lingüístico. Conceptos, problemas y métodos*, Valencia, Universitat de València, Cuadernos de Filología, anejo XXIX.

GÓMEZ DE ENTERRÍA, J. (1992a): «Notas sobre neologismos del léxico de la economía», *Lingüística española actual*, XIV, pp. 207-224.

GÓMEZ DE ENTERRÍA, J. (1992b): *El tratamiento de los préstamos técnicos en español: el vocabulario de la economía*, Madrid, Ediciones de la Universidad Complutense de Madrid.

GÓMEZ TORREGO, L. (1992): *El buen uso de las palabras*, Madrid, Arco Libros.

GÖRLACH, M., ed. (2001): *A Dictionary of European Anglicisms,*, Oxford, Oxford University Press.

GÖRLACH, M., ed. (2002): *English in Europe*, Oxford, Oxford University Press.

GOROG, R. DE (1967): «The Datings of Neologisms in Coromina's Etymological Dictionaries», *Hispania*, 50, pp. 292-296.

GRANDA, G. DE (1988-89): «Dos casos de interlenguaje en registro escrito en Santo Domingo (siglo XIX). Los documentos en español de Toussaint L'Ouverture y del Presidente Boyer», *Estudios de Lingüística de la Universidad de Alicante*, 5, pp. 207-216.

GRANDA, G. DE (1990): «Galicismos léxicos en el español dominicano de la segunda mitad del siglo XVIII», *Lexis*, 14 (2), pp. 197-219.

GUASCH LEGUIZAMÓN, J. (1951): *Galicismos aceptados, aceptables y visitandos*, Buenos Aires, Kapeluz.

GUILBERT, L. (1959): «Anglomanie et vocabulaire technique», *Le français moderne*, XXVII, 4, pp. 272-295.

GUILBERT, L. (1973): «Théorie du néologisme», *Cahiers de l'Association Internationale des Études françaises*, 25, pp. 9-29.

GUILBERT, L. (1975): *La créativité lexicale*, París, Larousse Université, «Collection Langue et Langage».

GUIRAUD, P. (1965): *Les mots étrangers*, París, PUF, «Collection Que-sais-je?».

GUSMANI, R. (1973): *Aspetti del prestito linguistico*, Nápoles, Libreria Scientifica.

GUSMANI, R. (1974): «Per una tipologia del calco linguistico. Parte I», *Incontri linguistici*, 1, Università di Trieste, pp. 21-50.

GUSMANI. R. (1986): *Saggi sull'interferenza linguistica*, Florencia, Casa Editrice Le Lettere. 1ª ed.: 1981.

HAENSCH, G. (1995): «Anglicismos y galicismos en el español de Colombia», en K. Zimmermann (ed.), *Lenguas en contacto en Hispanoamérica*, Madrid, Vervuert Iberoamericana, pp. 217-253. Publicado también en las Actas del *Deutscher Hispanistentag* (marzo 1993), pp. 1-38.

HANON, S. (1970): *Anglicismes en français contemporain. Méthodes et problèmes*, Aahus Universitet.
HAUGEN, E. (1949): «Problems of Bilingualism», *Lingua*, II, 1, pp. 271-290.
HAUGEN, E. (1950): «The Analysis of Linguistic Borrowing», *Language*, 26, pp. 210-231.
HAUGEN, E. (1954): «Problems of bilingual descriptions», *Monograph Series on Languages and Linguistics*, 7, pp. 9-19.
HAUGEN, E. (1970): «Linguistics and Dialinguistics», en J. E. Alatis (ed.), *Bilingualism and Language Contact. Anthropological, Linguistic, Psychological and Sociological Aspects. Report of the 21st Annual Round Table*, Monographs Series on Languages and Linguistics, 23, Washington, Georgetown University Press, pp. 1-12.
HERNÁNDEZ HERNÁNDEZ, H. (1992): «Los diccionarios de uso del último decenio (1980-1990): estudio crítico», en *Actas del IV Congreso Internacional Euralex 90 Proceedings. (A EURALEX 90)*, Barcelona, Bibliograf, pp. 473-481.
HERNÁNDEZ, A. (1980): «Consideraciones acerca de la clasificación del préstamo léxico de W. Betz», *Lexis*, IV, 1, pp. 91-101.
HOCK, H. H. (1986): *Principles of Historical Linguistics*, Berlín, Nueva York y Amsterdam, Mouton de Gruyter.
HOCKETT, Ch. F. (1971): «Innovación y supervivencia; las condiciones para el préstamo; distintas clases de préstamos; adaptación e influencia; la creación analógica; otros tipos de analogía», en *Curso de lingüística moderna*, Buenos Aires, Eudeba, pp. 378-422.
HOENIGSWALD, H. M. (1952): «The Phonology of Dialect Borrowing», *Studies in Linguistics*, 10, pp. 1-5.
HOPE, T. E. (1960): «The Analysis of Semantic Borrowing», en *Essays presented to C(uthbert) M(orton) Girdlestone*, Newcastle, King's College, pp. 125-141.
HOPE, T. E. (1962): «L'interprétation des mots d'emprunt et la structure lexicale», en *Actes du Xe Congrès International de Linguistique et Philologie romanes*, París, Klincksieck, 1965, I, pp. 149-155.
HOPE, T. E. (1962): «Loan-Words as Cultural and Lexical Symbols [I]», *Archivum Linguisticum*, 14, pp. 111-121.
HOPE, T. E. (1963): «Loan-Words as Cultural and Lexical Symbols [II]», *Archivum Linguisticum*, 15, pp. 29-42.
HOPE, T. E. (1964): «The Process of Neologism Reconsidered with Reference to Lexical Borrowing in Romance», *Transactions of the Philological Society*, pp. 46-84.
HOPE, T. E. (1971): *Lexical Borrowing in the Romance Languages: a Critical Study of Italianisms in French and Gallicisms in Italian from 1100 to 1900*, Oxford, Basil Blackwell, 2 vols.
HUDSON, R. A. (1980): *Sociolinguistics*, Cambridge, Cambridge University Press. Vers. esp.: *La sociolingüística*, Barcelona, Anagrama, 1981.

HUMBLEY, J. (1974): «Vers une typologie de l'emprunt linguistique», *Cahiers de Lexicologie*, 25/2, pp. 46-70.
HUMBLEY, J. (1980): «L'intégration phonétique des mots d'emprunt français en anglais», *L'emprunt linguistique*, CILL 6, 1-2., pp. 193-206.
IBÁÑEZ RODRÍGUEZ, M. (1998): «El traductor frente al galicismo léxico», en T. García-Sabell *et al.* (eds.), *Les chemins du texte. VI Coloquio da APFFUE*, Santiago de Compostela, Universidade de Santiago de Compostela, pp. 364-375.
JAKOBSON, R. (1936): «Sur la théorie des affinités phonologiques des langues», en *Actes du Quatrième Congrès International de Linguistes tenu à Copenhague du 27 d'août au 1er septembre 1936*, Copenhague, E. Munksgaard, pp. 48-58.
JAKOBSON, R. (1963): «Le langage commun des linguistes et des anthropologues», en *Essais de linguistique générale*, París, Les Éditions de Minuit, pp. 25-42.
JIMÉNEZ RÍOS, E. (1998): «Los galicismos en el *Diccionario de Autoridades*, en el diccionario de Terreros y en la primera edición del DRAE», *Anuario de Estudios Filológicos*, XXI, Universidad de Extremadura, pp. 141-159.
KIDDLE, L. B. (1968): «Hispanismos en las lenguas indígenas de América», en *Actas del XI Congreso Internacional de Lingüística y Filología Románicas*, Madrid, CSIC, 1968, IV, pp. 2069-2083.
KIESLER, R. (1993): «La tipología de los préstamos lingüísticos: no sólo un problema de terminología», *Zeitschrift für Romanische Philologie*, 109, pp. 505-525.
KOCH, C. O. (1931): «Changements de signification des mots français empruntés par le suédois», *Studier i Modern Sprakvetenskap*, II, pp. 235-248.

LADO, R. (1957): *Linguistics across Cultures. Applied Linguistics for Language Teachers*, A. Arbor, University of Michigan Press.
LAPESA, R. (1963): «La lengua desde hace 40 años», *Revista de Occidente*, 8-9, pp. 193-208.
LAPESA, R. (1966): «"Kahlahtahyood". Madariaga ha puesto el dedo en la llaga», *Revista de Occidente*, 36, pp. 373-380.
LAPESA, R. (1981): *Historia de la lengua española*, Madrid, Gredos. 9ª ed. 1995.
LÁZARO CARRETER, F. (1981): *Diccionario de términos filológicos*, Madrid, Gredos. 1ª ed. 1953.
LÁZARO CARRETER, F. (1985): «Neologismo y purismo», en *Las ideas lingüísticas en España durante el siglo XVIII*, Barcelona, Crítica.
LÁZARO CARRETER, F. (1987): «Los medios de comunicación y la lengua española», en *Primera reunión de Academias de la Lengua Española sobre el lenguaje y los medios de comunicación (octubre de 1985)*, Madrid, RAE, pp. 29-43.
LÁZARO CARRETER, F. (1997): *El dardo en la palabra*, Barcelona, Círculo de Lectores / Galaxia Gutenberg.

LÁZARO CARRETER, F. (2003): *El nuevo dardo en la palabra*, Barcelona, Círculo de Lectores / Galaxia Gutenberg.
LE BOURDELLES, H., C. BURIDANT y R. LILLY, eds. (1980): *L'emprunt linguistique*, Cahiers de l'Institut de Linguistique de Louvain, 6, 1-2.
LEHISTE, I. (1989): *Lectures on Language Contact*, Cambridge, Massachusetts y Londres, The MIT Press.
LEWANDOWSKI, Th. (1973-1975): *Linguistisches Wörterbuch*, Heidelberg, Quelle & Meyer. Vers. esp.: *Diccionario de lingüística*, Madrid, Cátedra, 1982.
Lexikon der Romanistischen Linguistik (LRL), Band/Vol. VI, 1, Tubinga, Niemeyer, 1992, pp. 144-145.
LÓPEZ DEL CASTILLO, Ll. (1975): «Les interferències català-castellà», en *Ier Seminario sobre educación bilingüe en Cataluña organizado por el ICE de la UB. Bilingüismo y educación en Cataluña*, Barcelona, Teide, pp. 87-91.
LORENZO, E. (1987): «Anglicismos en la prensa», en *Primera reunión de Academias de la Lengua Española sobre el lenguaje y los medios de comunicación (octubre de 1985)*, Madrid, RAE.
LORENZO, E. (1989): «Anglicismos», en *Gran Enciclopedia Rialp*, Madrid, Rialp, pp. 265-266.
LORENZO, E. (1989-91): «El español, la traducción y los peligrosos parentescos románicos», *Cuadernos de Traducción e Interpretación*, 11-12, pp. 195-208.
LORENZO, E. (1994): *El español de hoy, lengua en ebullición*, Madrid, Gredos. 1ª ed. 1966.
LORENZO, E. (1996): *Anglicismos hispánicos*, Madrid, Gredos.
LÜDTKE, H. (1974): *Historia del léxico románico*, Madrid, Gredos. Ed. orig. 1968.

MACKENZIE, F. (1939): *Les Relations de l'Angleterre et de la France d'après le vocabulaire*, 2 vols. París, Droz.
MACKEY, W. F. (1976): *Bilinguisme et contact des langues*, París, Klincksieck.
MACKEY, W. F. et al.: (1972): *Bibliographie internationale sur le bilinguisme*, Quebec, CIRB-PUL.
MADARIAGA, S. DE (1966): «¿Vamos a Kahlahtahyood?», *Revista de Occidente*, 36, pp. 365-373.
MALMBERG, B. (1966): *Spraket och människan*, Estocolmo, Albert Bonniers-Forlag AB. Vers. esp.: *La lengua y el hombre*, Madrid, Ediciones Istmo, 1970.
MALMBERG, B. (1982): *Introducción a la lingüística*, Madrid, Cátedra.
MARINER BIGORRA, S. (1976): «El préstamo fonológico», *Revista Española de Lingüística*, 6 (2), pp. 301-308.
MARTÍN FERNÁNDEZ, M.ª I. (1998): *Préstamos semánticos en español*, Cáceres, Universidad de Extremadura.
MARTINELL, E. (1984): «Posturas adoptadas ante los galicismos introducidos en el castellano en el siglo XVII», *Revista de Filología de la Universidad de La Laguna*, 3, pp. 101-128.

MARTINET, A. (1960): *Éléments de linguistique générale*, París, Armand Colin.
MARTÍNEZ CELDRÁN, E. (1989a): *Fonética*, Barcelona, Teide. 1ª ed. 1984.
MARTÍNEZ CELDRÁN, E. (1989b): *Fonética general y española*, Barcelona, Teide.
MARTÍNEZ DE SOUSA, J. (2000): *Manual de estilo de la lengua española*, Gijón, Trea.
MATORE, G. (1952): «Le néologisme: naissance et diffusion», *Le Français Moderne*, 20, pp. 87-92.
MATORÉ, G. (1972): *La méthode en lexicologie. Domaine français*, París, Didier. 1ª ed. 1953.
MEILLET, A. (1982a): «Le problème de la parenté des langues», en *Linguistique historique et linguistique générale*, Ginebra y París, Slatkine y Champion, pp. 76-109. 1ª ed. París, La Société de Linguistique de Paris, 1926.
MEILLET, A. (1982b): «Comment les mots changent de sens», en *Linguistique historique et linguistique générale*, Ginebra y París, Slatkine y Champion, pp. 230-271. 1ª ed. París, La Société de Linguistique de Paris, 1926.
MENÉNDEZ PIDAL, R. (1940): *Manual de gramática histórica española*, Madrid, Espasa-Calpe. 6ª ed.
MOLL, F. DE B. (1974): «Reflexions sobre els castellanismes», en *L'home per la paraula*, Palma de Mallorca, Editorial Moll, pp. 36-40.
MONTES GIRALDO, J. J. (1985): «Calcos recientes del inglés en español», *Thesaurus*, XL, pp. 17-50.
MORENO DE ALBA, J. G. (1987): «Extranjerismos en el lenguaje de la publicidad en la Ciudad de México», en *Primera reunión de Academias de la Lengua Española sobre el lenguaje y los medios de comunicación*, Madrid, RAE, pp. 191-196.
MOUNIN, G. (coord.) (1974): *Dictionnaire de la linguistique*, París, PUF.

NADASDI, T. (1991): «Divergence sémantique des anglicismes au Québec», *Revue québécoise de linguistique théorique et appliquée*, 10, 3, pp. 173-187.
NÁÑEZ MACHÍN, A. (1964): «Breve historia de los galicismos, hijos naturales de los vicios de dicción», *Islas*, 6, pp. 217-226.
NÁÑEZ, E. (1973): *La lengua que hablamos. Creación y sistema*, Santander, Gonzalo Bendia.
NICOLAS, Ch. (1994): «Le procédé du calque sémantique», *Cahiers de Lexicologie*, 65, 2, pp. 75-101.
NYROP, V. (1934): *Linguistique et histoire des moeurs*, París, Droz.

ORR, J. (1935): «Les anglicismes du vocabulaire sportif», *Le Français moderne*, 4, pp. 289-311.
OSTEA, F. (1975): «El lenguaje castellano sustituido por el patois de Haití», en E. Rodríguez Demorizi (ed.), *Lengua y folklore en Santo Domingo*, Santiago de los Caballeros (República Dominicana), Universidad Católica Madre y Maestra, pp. 65-66.

PADRÓN, A. F. (1962): «Uso y abuso de los extranjerismos en Cuba», *Boletín de Filología*, 9, pp. 175-181.
PALACIOS, J. (1964): «Los neologismos en la ciencia y en la técnica», *Boletín de la Real Academia Española*, XLIV, pp. 421-424.
PAUL, H, (1970): *Prinzipien der Sprachgeschichte*, Tubinga. 1ª ed.: 1886.
PAYRATÓ, L. (1985): *La interferència lingüística. Comentaris i exemples català-castellà*, Barcelona, Curial edicions catalanes, Publicacions de l'Abadia de Montserrat, 12.
PÉREZ PÉREZ, J. J. (1996): *El uso de términos y expresiones procedentes del inglés y otras lenguas en la prensa española*, Tesis doctoral. Universidad de La Laguna.
PERGNIER, M. (1989): *Les anglicismes*, París, PUF.
PERL, M. (1981): «La influencia del francés y del francés criollo en el español del Caribe», *Islas*, 66, pp. 168-176.
PESEUX-RICHARD, H. (1897): «Quelques remarques sur le *Diccionario de Galicismos* de Baralt», *Revue Hispanique*, IVᵉ année, pp. 31-44.
PICO, B., y D. CORBELLA (1987-88): «Galicismos en español medieval. Modificaciones de contenido en los sustantivos de clasema 'persona'», *Revista de Filología de la Universidad de La Laguna*, 6-7, pp. 367-394.
POPLACK, Sh., SANKOFF, D. (1984): «Le trajet linguistique et social des emprunts», *Revue québécoise de linguistique*, 14 (1), pp. 141-186.
PORZIG, W. (1974): *El mundo maravilloso del lenguaje. Problemas, métodos y resultados de la lingüística moderna*, Madrid, Gredos. Ed. orig. *Das Wunder der Sprache. Probleme, Methoden und Ergebnisse der modernen Sprachwissenschaft*, Berna, Francke Verlag, 1957.
POTTIER, B. (1954): «L'influence française sur le vocabulaire espagnol», *Vie et Langage*, 3, pp. 301-302.
POTTIER, B. (1967): «Galicismos», en *Enciclopedia Lingüística Hispánica*, Madrid, CSIC, pp. 127-152.
POTTIER, B. (1989): «Galicismos», en *Gran Enciclopedia Rialp*, Madrid, Rialp, pp. 655-657.
POTTIER-NAVARRO, H. (1979): «La néologie en espagnol contemporain», *Les langues néo-latines*, 229-230, pp. 148-172.
POUSLAND, E. (1935): «Étude sémantique de quelques gallicismes en anglo-américain», *Le Français moderne*, 3, pp. 249-263.
PRATT, Ch. (1970): «El arraigo del anglicismo en el español de hoy», *Filología Moderna*, 40-41, pp. 67-92.
PRATT, Ch. (1980): *El anglicismo en el español contemporáneo*, Madrid, Gredos.
PRIETO, L. (1992): «Galicismos léxicos en la prensa de Santiago de Chile (1976-1985)», *Boletín de Filología*, t. XXXIII, pp. 79-249.

QUEMADA, B. (1971): «A propos de la néologie. Essai de délimitation des objectifs et des moyens d'action», *La banque des mots*, L, pp. 137-150.

QUEMADA, B., (dir.) (1993): «Index thématique», en *Mots nouveaux contemporains. Matériaux pour l'histoire du vocabulaire français*, París, Institut National de la Langue Française, CNRS y Klincksieck, pp. 283-305.

QUILIS, A. (1982): «Léxico relacionado con el automóvil en Hispanoamérica y en España», *Anuario de Letras*, XX, pp. 115-144.

RETMAN, R. (1978): «L'adaptation phonétique des emprunts à l'anglais en français», *La linguistique*, 14/1, pp. 111-124.

REY, A. (1976): «Néologisme: un pseudo-concept?», *Cahiers de Lexicologie*, 28, pp. 3-17.

REY, A. (1979): *La terminologie: noms et notions*, París, PUF, «Collection Que sais-je?».

REY-DEBOVE, J. (1971): *Étude linguistique et sémiotique des dictionnaires français contemporains*, La Haya-París, Mouton.

REY-DEBOVE, J. (1973): «La sémiotique de l'emprunt lexical», *Travaux de linguistique et de littérature*, XI, 1, pp. 109-123.

REY-DEBOVE, J. (1980): «Introduction», en J. REY-DEBOVE y G. GAGNON, *Dictionnaire des anglicismes*, París, Le Robert, pp. V-XVI.

REY-DEBOVE, J. (1987): «Effet des anglicismes lexicaux sur le système du français», *Cahiers de Lexicologie*, LI, pp. 256-265.

RIDRUEJO ALONSO, E. (1996): «Lingüística histórica. El cambio lingüístico», en C. Martín Vide (ed.), *Elementos de lingüística*, Barcelona, Octaedro, pp. 45-66.

RIFFATERRE, M. (1953): «La durée de la valeur stylistique du néologisme», *The Romanic Review*, 44, pp. 282-289.

RODRÍGUEZ GONZÁLEZ, F. (1996): «Functions of Anglicisms in Contemporary Spanish», *Cahiers de lexicologie*, LXVIII, pp. 107-128.

RODRÍGUEZ GONZÁLEZ, F. (2002a): «Spanish», en M. Görlach (ed.), *English in Europe*, Oxford, Oxford University Press, pp. 128-150.

RODRÍGUEZ GONZÁLEZ, F. (2002b): «Anglicismos y calcos en el español actual», en F. San Vicente (ed.), *L'inglese e le altre lingue europee. Studi sull'interferenza linguistica*, Bolonia, CLUEB, pp. 149-169.

RODRÍGUEZ GONZÁLEZ, F. (dir.) y A. LILLO BUADES (1997): *Nuevo diccionario de anglicismos*, Madrid, Gredos.

RODRÍGUEZ MARÍN, R. (1995): «Presencia y función de la lengua francesa en la novela española de la restauración decimonónica», *Boletín de la Real Academia Española*, LXXV, pp. 569-596.

RODRÍGUEZ MARÍN, R. (2000): «La incorporación de galicismos en el español del siglo XIX: literatura y diccionarios», en *La fabrique des mots. La néologie ibérique*, París, Presses de l'Université Paris-Sorbonne, pp. 237-254.

ROMERO GUALDA, M.ª V. (1993): *El español y los medios de comunicación*, Madrid, Arco Libros.

ROQUES, M. (1948): «Sur l'incertitude sémantique des mots d'emprunt», en *Miscellania gessleriana Antwerpen*, II, pp. 1066-1072.
RUBIO, A. (1936): «La crítica del galicismo desde Feijoo hasta Mesonero (1726-1832)», *Acción española*, XVI y XVII.
RUBIO, A. (1937): *La crítica del galicismo en España*, México, Ediciones de la Universidad Nacional de México.
SABLAYROLLES, J.-F. (1993): «La double motivation de certains néologismes», *Faits de langues*, 1, pp. 223-226.
SÁEZ, E. (1967): «Fuentes históricas», en Alvar, M. *et al.* (ed.): «Elementos constitutivos del español: fuentes», *Enciclopedia Lingüística Hispánica*, Madrid, CSIC, pp. 393-446.
SALVADOR, G. (1973): «Incorporaciones léxicas en el español del siglo XVIII», *Cuadernos de la Cátedra Feijoo*, 24. Editado también en *Semántica y lexicología del español*, Madrid, Paraninfo, 1985, pp. 145-160.
SALVERDA DE GRAVE, J. (1907): «Quelques observations sur les mots d'emprunt», *Romanische Forschungen*, XXIII, 1, pp. 145-153.
SAN VICENTE, F., ed. (2002): *L'inglese e le altre lingue europe. Studi sull'interferenza linguistica*, Bolonia, CLUEB.
SANDFELD, K. (1912): «Notes sur les calques linguistiques», *Festschrift, Vilhelm Thomsen zur vollendung des siebzigsten lebensjahres*, 25, pp. 166-173.
SANDFELD, K. (1938): «Problèmes d'interférences linguistiques», en *Actes du Quatrième Congrès International de Linguistes tenu à Copenhague du 27 d'août au 1er septembre 1936*, Copenhague, E. Munksgaard, pp. 59-61.
SAPIR, E. (1991) *El lenguaje. Introducción al estudio del habla*, México, Fondo de Cultura Económica. Ed. orig.: *Language: An Introduction to the Study of Speech*, Nueva York, Harcourt, Brace and Co., 1921.
SECO, M. (1977): «El léxico de hoy», en *Comunicación y lenguaje*, Madrid, Karpos, pp. 183-201.
SERIS, H. (1923): «Los nuevos galicismos», *Hispania*, VI, pp. 167-174.
SERRES, M. (1972): *L'interférence*, París, Les Éditions de Minuit.
SILVA-CORVALÁN, C. (1989): *Sociolingüística. Teoría y análisis*, Madrid, Alhambra Universidad.
SMITH, C. (1975): «Anglicism or not», *Vida hispánica*, 13, pp. 9-15.
SORIANO, E. (1954): *Los galicismos del español hasta el siglo XVIII*, Tesis Doctoral, Universidad de Barcelona.
SPENCE, N. C. W. (1987): «Faux amis and faux anglicismes», *Forum for Modern Language Studies*, 23, pp. 169-183.
SPENCE, N. C. W. (1989): «Qu'est-ce qu'un anglicisme?», *Revue de Linguistique Romane*, 211-212, pp. 323-334.
SPENCE, N. C. W. (1991): «Les mots français en *-ing*», *Le Français moderne*, LIV, pp. 188-213.

SPOLSKY, B. (1988): *Linguistics: The Cambridge Survey. IV. Language: The Sociocultural Context*, Cambridge University Press, 1988. Vers. esp. *Panorama de la lingüística moderna de la Universidad de Cambridge. IV. El lenguaje: contexto socio-cultural*, Madrid, Visor, 1992.

STONE, H. (1957): «Los anglicismos en España y su papel en la lengua oral», *Revista de Filología Española*, 41, pp. 141-160.

THIBAULT, A. y M.-D. GLESSGEN (2003): «El tratamiento lexicográfico de los galicismos en español», *Revue de Linguistique Romane*, 265-266, pp. 5-54.

THIBAULT, A. (2004): «Évolution sémantique et emprunts: les gallicismes de l'espagnol», *Historische Semantik in den romanischen Sprachen*, Tubinga, Niemeyer, «Linguistische Arbeiten», pp. 103-115.

TORRES RAMÍREZ, I. DE (1986): «Léxico e historia: neologismos en el español del siglo XIV», *Revista de Filología Española*, LXVI, pp. 297-312.

TOURATIER, Ch. (1994): «Les problèmes de l'emprunt», *Travaux*, Publications de l'Université de Provence, 12, pp. 11-22.

TRESCASES, P. (1979): «Les anglo-américanismes du Petit Larousse Illustré 1979», *The French Review*, 53, pp. 68-74.

TRESCASES, P. (1982): *Le franglais vingt ans après*, Montreal, Guérin.

TRESCASES, P. (1983): «Aspects du mouvement d'emprunt à l'anglais reflétés par trois dictionnaires de néologismes», *Cahiers de Lexicologie*, XLII, pp. 86-101.

ULLMANN, S. (1962): *Semantics: An Introduction to the Science of Meaning*, Oxford, Blackwell. Vers. esp. *Semántica: Introducción a la ciencia del significado*, Madrid, Aguilar, 1972, 2ª ed.

URDIROZ VILLANUEVA, N. (1993): «El léxico francés en la obra barojiana», *Estudios de investigación franco-española*, 9, pp. 99-137.

VALKHOFF, M.-F. (1967): «Préstamos de lenguas modernas», en *Enciclopedia Lingüística Hispánica*, Madrid, CSIC, pp. 365-376.

VALLEJO ARRÓNIZ, P. (1986a): «Contribución al estudio de préstamos léxicos: galicismos en el español del siglo XVIII», *Boletín de la Academia Puertorriqueña de la Lengua Española*, XIV/2, pp. 179-205.

VALLEJO ARRÓNIZ, P. (1986b): «Nuevos datos sobre galicismos del siglo XVIII», *Revista de Filología Española*, 66, pp. 115-125.

VALLEJO ARRÓNIZ, P. (1986c): «El préstamo semántico: algunos problemas», *Anuario de Lingüística Hispánica*, II, pp. 261-276.

VAN OVERBEKE, M. (1976): *Mécanismes de l'interférence linguistique*, Madrid, Fragua.

VAQUERO, M. (1990): «Anglicismos en la prensa: una cala en el lenguaje periodístico de San Juan», *Lingüística española actual*, XII/2, pp. 275-288.

VELÁZQUEZ, J. I. (1987): «Galicismos en el lenguaje político español», en M. Alvar (coord.), *El lenguaje político*, Madrid, Fundación Friedrich Ebert, pp. 123-136.
VIDOS, B. E. (1951): «Mots créés, mots empruntés et curiosités lexicologiques», *Revista Portuguesa de Filología*, IV, pp. 269-309.
VIDOS, B. E. (1960): «Le bilinguisme et le mécanisme de l'emprunt», *Revue de Linguistique Romane*, n° 93-94, enero-junio, t. XXIV, pp. 1-19.
VIDOS, B. E. (1965): «Les termes techniques et l'emprunt», en *Prestito, espansione e migrazione dei termini tecnici nelle lingue romanze e non romanze*, Florencia, Leo Olschki ed., «Biblioteca dell'Archivum Romanicum», pp. 355-378.
VINAY, J.-P. y J. DARBELNET (1958): *Stylistique comparée du français et de l'anglais*, París, Didier,
VIVES COLL, A. (1989-90): «Los anglicismos económicos en los DRAE de 1970 y 1984», *Revista de Filología de la Universidad de La Laguna*, 8/9, pp. 405-411.
VOGT, H. (1949): «Dans quelles conditions et dans quelles limites peut s'exercer sur le système morphologique d'une langue l'action du système morphologique d'une autre langue?», en M. Lejeune (ed.), *Proceedings of the 6th International Congress of Linguists*, París, Klincksieck, pp. 31-45.
VOGT, H. (1954): «Language Contacts», *Word*, 10, pp. 365-374.

WAGNER, C. (1990): «El enfoque lingüístico de la normativa: el caso de los préstamos», *Estudios filológicos*, 25, pp. 55-65.
WAGNER, R. L. (1967): *Les vocabulaires français*, vol. 1, París, Didier.
WAGNER, R. L. (1970): *Les vocabulaires français*, vol. 2, París, Didier.
WALTER, H. (1992): «Le vocabulaire d'origine étrangère. Les chemins de l'emprunt», en R. Lorenzo (ed.), *Actas do XIX Congreso Internacional de Lingüística e Filoloxía Románicas*, A Coruña, Fundación Pedro Barrié de la Maza, pp. 547-562.
WALTER, H., y G. WALTER (1991): *Dictionnaire des mots d'origine étrangère*, París, Larousse.
WEINREICH, U. (1952): «Is a structural Dialectology possible», *Word*, X, pp. 388-400.
WEINREICH, U. (1953): *Languages in Contact: Findings and Problems*, La Haya, Mouton & Co.
WEINREICH, U. (1968): «Unilinguisme et plurilinguisme», en A. Martinet (dir.), *Le Langage*, París, Gallimard, «Encyclopédie de la Pléiade», pp. 647-648.

ZAMBONI, A. (1988): *La etimología*, Madrid, Gredos. Ed. orig. *L'etimologia*, Bolonia, Nicola Zanichelli, 1976.
ZAMORA, J. C. (1975): «Morfología bilingüe: la asignación de género a los préstamos», *The Bilingual Review*, 2-3, pp. 239-247.

8.2. Fuentes lexicográficas

AGENCIA EFE (1998): *Manual de español urgente*, Madrid, Cátedra [MEU].
AGENCIA EFE (2000): *Diccionario de español urgente*, Madrid, SM [EFE].
ALVAR EZQUERRA, M. (2003): *Nuevo Diccionario de voces de uso actual*, Madrid, Arco Libros [NDVUA].
ALVAR EZQUERRA, M. et al. (1999): *Manual de redacción y estilo*, Madrid, Istmo [ALV].
ALZUGARAY, J. J. (1979): *Voces extranjeras en el lenguaje tecnológico*, Madrid, Alambra [AL1].
ALZUGARAY, J. J. (1985): *Diccionario de extranjerismos*, Madrid, Dossat [AL2].
ARROYO, C. y F. J. GARRIDO (1997): *Libro de estilo universitario*, Madrid, Acento Editorial [LEU].
BARRI I MASSATS, M. (1999): *Aportació al estudi dels gal·licismes del català*, Barcelona, Institut d'Estudis Catalans [DGC].
CENTRE DE TERMINOLOGIA TERMCAT. *Servei de consultes terminològiques en línia*: http://www.termcat.net/cercaterm [TERMCAT].
Clave. Diccionario de uso del español actual, Madrid, SM, 1997 [CLAVE].
COROMINAS, J. y J. A. PASCUAL (1980): *Diccionario crítico etimológico castellano e hispánico*, Madrid, Gredos [DCECH].
CORRIPIO, F. (1997): *Diccionario de incorrecciones de la lengua española*, Barcelona, Larousse [COR].
Dictionnaire historique de la langue française Le Robert, 3 vols., París, Dictionnaires Le Robert, 1992 [ROBHIST].
Dictionnaire universel francophone, Hachette/Edicef. Diccionario en línea: http://www.francophonie.hachette-livre.fr [DUF].
DOVAL, G. (1996): *Diccionario de expresiones extranjeras*, Madrid, Ediciones del Prado [DOV].
GARCÍA YEBRA, V. (1999): *Diccionario de galicismos prosódicos y morfológicos*, Madrid, Gredos [GY].
GÓMEZ TORREGO, L. (1997): *Manual de español correcto*, Madrid, Arco libros, 2 vols. [MEC].
Gran diccionari de la llengua catalana, Barcelona, Enciclopèdia Catalana, 1998 [GDLC].
Grand Larousse de la langue française, París, Larousse, 1971 [GLLF].
HAENSCH, G. y R. WERNER (1993): *Nuevo Diccionario de colombianismos*. Santafé de Bogotá, Instituto Caro y Cuervo.
HOYO, A. DEL (1995): *Diccionario de palabras y frases extranjeras*, Madrid, Aguilar [HOYO].
INSTITUT D'ESTUDIS CATALANS: *Corpus Textual Informatitzat de la Llengua Catalana (CTILC)*. Base de datos en línea: http://pdl.iecat.net [CTILC].
Larousse de la langue française. Lexis, París, Larousse, 1979 [LEXIS].

Larousse. Dictionnaire du français d'aujourd'hui, París, Larousse, 2000.
LÁZARO CARRETER, F. (1997): *El dardo en la palabra,* Barcelona, Círculo de Lectores / Galaxia Gutenberg. [Los artículos publicados posteriormente en *El País* aparecen seguidos de la fecha del periódico] [LC].
Le Grand Robert de la langue française. Dictionnaire alphabétique et analogique de la langue française, 9 vols., París, Le Robert, 1989 [GRLF].
Le Littré. Dictionnaire de la langue français en un volume, París, Hachette, 2000.
Le Nouveau Petit Robert. Dictionnaire alphabétique et analogique de la langue française, París, Dictionnaires Le Robert, 2003 [PROB].
Le Petit Larousse Illustré 1992, París, Larousse, 1991.
Libro de estilo de ABC, Barcelona, Ariel, 1993 [ABC].
Libro de estilo. El País, Madrid, Ediciones El País, 1998[14].
Libro de redacción La Vanguardia, edición experimental, Barcelona, La Vanguardia, 1986 [VAN].
LORENZO, E. (1996): *Anglicismos hispánicos,* Madrid, Gredos [LOR].
MARTÍNEZ DE SOUSA, J. (1996): *Diccionario de usos y dudas del español actual,* Barcelona, Biblograf [MS].
MENDIETA, Salvador (1993): *Manual de estilo de TVE,* Barcelona, Labor [TVE].
MOLINER, M. (1966): *Diccionario de uso del español,* Madrid, Gredos [DUE].
MOLINER, M. (1998): *Diccionario de uso del español,* Madrid, Gredos [DUE 1998].
OFFICE QUEBECOIS DE LA LANGUE FRANÇAISE: *Le grand dictionnaire terminologique de la langue française.* Diccionario en línea: http://www.granddictionnaire.com [OLF].
Oxford English Dictionary, Oxford, Oxford University Press, 1992 [OED].
REAL ACADEMIA ESPAÑOLA, «Enmiendas y adiciones al Diccionario de la Real Academia Española aprobadas por la Corporación. I. Letras A-C (1992-1997)», *Boletín de la Real Academia Española,* t. LXXVII, cuad. CCLXXII, septiembre-diciembre de 1997, pp. 299-415 [BRAE].
REAL ACADEMIA ESPAÑOLA, «Enmiendas y adiciones al Diccionario de la Real Academia Española aprobadas por la corporación. II. Letras D-G (1992-1998)», *Boletín de la Real Academia Española,* t. LXXVIII, cuad. CCLXXIII, enero-abril de 1998, pp. 23-120 [BRAE].
REAL ACADEMIA ESPAÑOLA, «Enmiendas y adiciones al Diccionario de la Real Academia Española aprobadas por la corporación. III. Letras H-L (1992-1998)», *Boletín de la Real Academia Española,* t. LXXVIII, cuad. CCLXXIV, mayo-agosto de 1998, pp. 149-197 [BRAE].
REAL ACADEMIA ESPAÑOLA, «Enmiendas y adiciones al Diccionario de la Real Academia Española aprobadas por la Corporación. IV. Letras M-Z (1992-1998)» [Texto mecanografiado inédito, facilitado por la RAE. Cuadernillo de 118 pp.] [CUAD].

REAL ACADEMIA ESPAÑOLA, *Diccionario de la lengua española*, Madrid, 13ª ed. (1899), 14ª ed. (1914), 15ª ed. (1925), 16ª ed. (1939), 17ª ed. (1947), 18ª ed. (1956), 19ª ed. (1970), 20ª ed. (1984), 21ª ed. (1992) y 22ª ed. (2001) [DRAE].

REAL ACADEMIA ESPAÑOLA, *Diccionario Manual e Ilustrado*, Madrid, Espasa-Calpe, 1ª ed. (1927), 2ª ed. (1950), 3ª ed. (1983-85) y 4ª ed. (1989) [DMILE].

REAL ACADEMIA ESPAÑOLA: *Corpus Diacrónico del Español (CORDE)*. Base de datos en línea: http://www.rae.es [CORDE].

REAL ACADEMIA ESPAÑOLA: *Corpus de Referencia delEspañol Actual (CREA)*. Base de datos en línea: http://www.rae.es [CREA].

RODRÍGUEZ-VIDA, S. (1999): *Curso práctico de corrección de estilo*, Barcelona, Octaedro [RV].

SANTAMARÍA, A. et al. (1989): *Diccionario de incorrecciones, particularidades y curiosidades del lenguaje*, Madrid, Paraninfo [DIPC].

SECO, M. (1986): *Diccionario de dudas y dificultades de la lengua española*, Madrid, Espasa-Calpe [10ª ed. revisada y puesta al día] [DD].

SECO, M. (1998): *Diccionario de dudas y dificultades de la lengua española*, Madrid, Espasa-Calpe [DD 1998].

SECO, M. et al. (1999): *Diccionario del español actual*, Madrid, Aguilar [DEA].

Trésor de la langue française. Dictionnaire de la langue du XIXe et du XXe siècle (1789-1960), París, CNRS, 1971-1994 [TLF].

Vox. Diccionario general de la lengua española, Barcelona, Biblograf, 1997 [DGLE].

ZINGARELLI, N. (1970): *Vocabolario della lingua italiana*. Bolonia, Zanichelli [VLI].

**Studien zur romanischen Sprachwissenschaft
und interkulturellen Kommunikation**

Herausgegeben von Gerd Wotjak

Band 1   Gerd Wotjak (ed.): Teoría del campo y semántica léxica. Théorie des champs et sémantique lexicale. 1998.

Band 2   Eva Martha Eckkrammer / Hildegund Maria Eder: (Cyber)Diskurs zwischen Konvention und Revolution. Eine multilinguale textlinguistische Analyse von Gebrauchstextsorten im realen und virtuellen Raum. 2000.

Band 3   Monika Gräfe: Untersuchungen zur Konstituentenabfolge spanischer Adverbiale auf Satz- und Textebene mit EDV-gestützter quantitativer Analyse. 2000.

Band 4   Juan Pablo Larreta Zulategui: Fraseología contrastiva del alemán y el español. Teoría y práctica a partir de un corpus bilingüe de somatismos. 2001.

Band 5   Catalina Jiménez Hurtado: Léxico y Pragmática. 2001.

Band 6   Félix Jiménez Ramírez: El español en la Suiza alemana. Estudio de las características lingüísticas e identitarias del español de la segunda generación en una situación de contacto de lenguas. 2001.

Band 7   Gerd Wotjak (Hrsg.): Studien zum romanisch-deutschen und innerromanischen Sprachvergleich. Akten der IV. Internationalen Tagung zum romanisch-deutschen und innerromanischen Sprachvergleich (Leipzig, 7.10.-9.10.1999). 2001.

Band 8   Romanische Sprachen in Amerika. Festschrift für Hans-Dieter Paufler zum 65. Geburtstag. Herausgegeben von Kerstin Störl und Johannes Klare. 2002.

Band 9   José-Antonio Calañas Continente: El dominio léxico *Existencia* en alemán. Diccionario lexemático-funcional alemán-español del lexicón verbal básico. 2002.

Band 10   Gabriele Blaikner-Hohenwart (Hrsg.): Portugiesisch, Papiamentu et al. Salzburger Beiträge zu Prozessen und Produkten der Translation in der Romania. 2003.

Band 11   Juan Cuartero Otal: Cosas que se hacen. Esquemas sintáctico-semánticos agentivos del español. 2003.

Band 12   Michael Schreiber: Vergleichende Studien zur romanischen und deutschen Grammatikographie. 2004.

Band 13   Carmen Mellado Blanco: Fraseologismos somáticos del alemán. Un estudio léxico-semántico. 2004.

Band 14   Henk Vanhoe: Aspectos de la sintaxis de los verbos psicológicos en español. Un análisis léxico funcional. 2004.

Band 15   Susana Azpiazu: Las estrategias de nominalización. Estudio contrastivo del estilo nominal. 2004.

Band 16   Meike Meliss: Recursos lingüísticos alemanes relativos a "GERÄUSCH" y sus posibles correspondencias en español. Un estudio lexicológico modular-integrativo. 2005.

Band 17   Marcial Morera: La Complementación Morfológica en Español. Ensayo de Interpretación Semántica. 2005.

Band 18   Alberto Bustos Plaza: Combinaciones verbonominales y lexicalización. 2005.

Band 19   Jean Peeters (ed.): On the Relationships between Translation Theory and Translation Practice. 2005.

Band 20   María José Domínguez Vázquez: Die Präpositivergänzung im Deutschen und im Spanischen. Zur Semantik der Präpositionen. 2005.

Band 21 Thomas J. C. Hüsgen: Vom getreuen Boten zum nachdichterischen Autor. Übersetzungskritische Analyse von Fernando Pessoas *Livro do Desassossego* in deutscher Sprache. 2005.

Band 22 Gerd Wotjak / Juan Cuartero Otal (eds.): Entre semántica léxica, teoría del léxico y sintaxis. 2005.

Band 23 Manuel Casado Velarde / Ramón González Ruiz / Óscar Loureda Lamas (eds.): Estudios sobre lo metalingüístico (en español). 2005.

Band 24 Celia Martín de León: Contenedores, recorridos y metas. Metáforas en la traductología funcionalista. 2005.

Band 25 Ulrike Oster: Las relaciones semánticas de términos polilexemáticos. Estudio contrastivo alemán-español. 2005.

Band 26 María Teresa Sánchez Nieto: Las construcciones perifrásticas españolas de significado evaluativo y sus equivalentes alemanes en la traducción. Con ejercicios para la clase de español como lengua extranjera. 2005.

Band 27 María Amparo Montaner Montava: Análisis cognitivo-perceptivo de la combinatoria de los verbos de transferencia. Se incluye CD-ROM con actividades para estudiantes de lingüística, lenguas y traducción. 2005.

Band 28 Clara Curell: Contribución al estudio de la interferencia lingüística. Los galicismos del español contemporáneo. 2005.

Band 29 Antonio Pamies / Francisca Rodríguez-Simón: El lenguaje de los enfermos. Metáfora y fraseología en el habla espontánea de los pacientes. 2005.

www.peterlang.de

José M.ª Enguita Utrilla

Para la historia de los americanismos léxicos

Frankfurt am Main, Berlin, Bern, Bruxelles, New York, Oxford, Wien, 2004.
282 S.
Lenguas, Sociedades y Culturas en Latinoamérica.
Herausgegeben von Kerstin Ströln und Germán de Granda. Bd. 6
ISBN 3-631-52653-9 · br. € 51.50*

El objetivo de esta monografía es analizar las principales innovaciones léxicas que experimenta la lengua española en la primera etapa de su expansión en América. Para ello se ha partido de textos redactados por Fernández de Oviedo, Hernán Cortés, Acosta, Góngora de Marmolejo, Bartolomé Lorenzo y Cristóbal de Molina, todos ellos autores representativos de la literatura cronística del siglo XVI. Dos son las perpectivas de estudio a las que atiende este libro de manera destacada, aunque no exclusiva: de una parte, la penetración en el vocabulario hispánico de indigenismos pertenecientes a las principales lenguas amerindias; de otra, los cambios que, condicionados por la realidad americana, se producen en el léxico patrimonial del español.

Aus dem Inhalt: Diferenciación léxica de Hispanoamérica en el siglo XVI · Penetración de indoamericanismos léxicos en la lengua española · El léxico patrimonial de la lengua española ante la realidad americana

Frankfurt am Main · Berlin · Bern · Bruxelles · New York · Oxford · Wien
Auslieferung: Verlag Peter Lang AG
Moosstr. 1, CH-2542 Pieterlen
Telefax 00 41 (0) 32 / 376 17 27

*inklusive der in Deutschland gültigen Mehrwertsteuer
Preisänderungen vorbehalten
Homepage http://www.peterlang.de